Winter Frogs

過冬青蛙

Wu Jui Pao

吳睿保

In Taiwan

作者簡介

吳睿保

（筆名：吳明博、穀禾田、穀莊稼、穀恬惆）

　　我們人的生命是很奇妙的，有些事情不是您想的就可以，往往有些時候，我們會感到彷徨無助，有些時候呢！又會有些許的得意，就在彷徨與得意的同時，我們可能會看到什麼，那是生命的過程，一個階段，一個階段，每個階段都會有不同的體悟，這就是人生。

　　作者童年的時候，心中老是有些想法，而這些想法會一剎那，一剎那的閃過，很難捉取，那時候我就想，如果可以把它寫下來多好，直到少年、青年，步入中年，到快要老年的時候，那些想寫的影像，像排山倒海一樣地浮現，而我只是提筆記錄而已，就這樣，一系列，一系列《法拍屋風暴》、《屏東的小湯姆》、《共生農業》、《歡喜法音流》等，竟然就創作出來了，希望您們喜歡。

　　另外，穀莊稼的共生農業森林農園，有十幾年的耕作經驗，可以輔導您種出好菜，只要您家有空地，或頂樓有全日照的地方，想自己種菜來吃，穀莊稼先生可以幫您規畫，種出好菜來讓您食用。

　　若對共生農業森林耕種有興趣者，請上電子書店，閱讀《共生農業森林種植》免費圖文書。

　　有意者，請寄電子郵件：869548@gmail.com　與穀莊稼先生洽談

　　穀禾田半農作家工作室的書系，有：

　　《屏東的小湯姆》親子讀本七套，三十冊

《共生農業開講》、《歡喜法音流》陸續書寫中
《法拍屋風暴》醒世小說六本，曾出版過紙本書。

序

　　2013 年 6 月至 8 月期間於本校辦理之「農企經營及精緻農業班」講授有機農業相關課程時認識穀禾田先生，瞭解穀先生極為重視現今農業大量施用農藥等化學藥劑對環境、生態及健康安全造成負面效果的影響，因而他自己開墾管理一個自然生態農場，產品優質安全，可謂利己利人。

　　穀先生也擅長於寫作，其大作「屏東的小湯姆」，內容豐富、筆法率直生動，讓人回憶兒時農家生活的點點滴滴，值得閱讀。經穀先生之邀請，時值該書付梓特為之序。

王鐘和

於中華民國 102 年 8 月 30 日
國立屏東科技大學
農園生產系教授兼系主任
台灣有機農業促進協會副理事長

過冬青蛙

屏東的小湯姆一

目次

過冬青蛙

釣青蛙

「湯姆！湯姆！你糟糕了，擺了那麼多的磚塊，壓死了湯尼祖母養的雞。湯尼正害怕著，躲著祖母，跑來找你呢！」

湯姆一臉無辜地繼續綁著他的釣青蛙鈎線，一大捆，一大捆，綁好後，還要去挖蚯蚓呢！

過冬青蛙

湯尼氣喘喘跑到湯姆身邊，正要開口說話。

肯尼和魯比、約翰、強生、湯尼也一起幫著湯姆，把釣青蛙鈎線整捆、整捆的綑綁好，各自帶著鏟土的鏟子，到香蕉園尋找蚯蚓的穴洞，看到有蚯蚓的大便，結成一粒一粒的圓泥土團，往圓泥土團多的地方挖下去，蚯蚓會一條條的在泥土裡面，鑽來鑽去。

挖了一堆蚯蚓，一條一條地鈎在釣青蛙線上。

湯姆想往哪裡插鈎線好！

肯尼說，溪邊那塊稻田的田埂上，長滿青草，在稻田的每一排空間，插上一支。

湯姆往大圳的方向，找一條小水溝，每隔幾步就放上一支鈎線。

蚯蚓在鈎線上不斷地擺動身體，青蛙從草叢裡面看到，就張大嘴巴，一躍而上，把蚯蚓含在嘴裡，卻被青蛙鈎線鈎住了，兩隻腳在半空中不斷地踩踏，水濺聲，咚咚咚！

湯姆在前面忙著插線，後面就有青蛙上鈎了，大隻大隻是過冬青蛙。

「好多隻喔！肯尼呀！快過來！我這裡青蛙好多、好肥喔！」

肯尼正忙著撥弄雜草，在雜草上結了記號，晚上來巡視時，可清楚知道鈎線的位子，稻穗結實地一串串撫弄著肯尼，還有芋頭葉子。走在田埂上，蹲上蹲下的，湯姆在遠方喊叫，也只能抬頭望一望。

強生和約翰忽然間出現，對著肯尼說：「花生田那邊有兩隻伯勞鳥，一隻在電線上，另一隻正飛下來吃『肚伯仔』（台灣大蟋蟀）。」

「中了！中了！」

伯勞鳥落陷阱了，吱吱吱吱！

強生一手捉著伯勞鳥，一手被伯勞鳥啄得呱呱叫。

「好痛喔！好痛喔！」

約翰過來幫忙，和肯尼三人用力把「腳踏斬」掰開。

可憐的伯勞鳥一隻腳變殘廢，奮力拍打翅膀，拼命地吱吱叫。

遠遠地從木瓜園跑來，魯比帶著彼得，還有他弟弟麥可拿著魚網，往湯姆那條小水溝的下段，有一潭大池子，去撈魚兒。

彼得的身體壯壯和他的頭一樣方方，正頭正頭的，塊頭大，拿著網撈起池子裡的雜草，三角形的網裡，總是有南洋吳郭魚、泥鰍、青蛙、大肚魚。運氣好，還會撈到雷魚（鱧魚）、鰻魚、大尾鱸鰻。

泥鰍、雷魚、土虱（鯰魚）喜歡住在池子爛泥巴裡。

彼得腳下有東西在動，叫魯比過來幫忙挖。

麥可很興奮，奮不顧身地跳下池子，彼得緊張地拉著麥可，怕他往水急的地方去。

過冬青蛙

　　池子正中央，魚群游來游去，彼得腳踏著泥巴，水變污濁，旋即變清，魚游得快，撞到他的腳，看不清楚，手捉著麥可，腳下的土虱，跑掉了。彼得收拾魚網，回到岸上。

　　魯比高興得叫湯姆帶桶子裝魚。

　　「麥可！麥可！快上來，要回家了。」

　　麥可全身溼答答，慢慢爬到岸上，看到腳上爬滿了吸血的水蛭，嚇得呱呱叫。

　　彼得吐一大沱的口水，捧在手掌心，往麥可的大腿抹去，一隻一隻地撥掉，水蛭吸滿血，隻隻飽飽肥肥的，撥到水中，一下子不見了，留下幾隻往雜草叢裡丟。

　　魯比拿起石頭砸水蛭的身子，血流滿整塊石頭，水蛭已經碎屍萬段，還會動。

　　彼得和湯姆已經裝好魚獲，青蛙用網子裝，一隻隻疊在一起。

　　彼得說小水蛭是砸不死的，看著魯比手上有些碎水蛭，說水蛭砸越多碎段，水蛭會變越多隻。

　　麥可和魯比嚇得不敢再砸，等強生、約翰一起過來走回家。

捉迷藏

「湯姆！湯姆！這些魚和青蛙放在你們家的水井。」

好深好寬的水井喔！

「抓好幾天了，怎麼在水井裡，還看不到幾隻？」

「有啊！有啊！青蛙不是躲在水底嗎？」

「你看！你看！那裡有一隻！還有角落那裡也有好幾隻！」

過冬青蛙

好幾隻沿著牆壁，浮在水面，露出一雙大眼睛。

「好肥喔！好幾隻過冬的喲！」

魯比手癢癢的，好玩，去拿一枝長竹竿，在水底攪青蛙，看著青蛙在水底游來轉去，好好玩。

一群群的吳郭魚及本金魚（鯽仔魚）驚嚇得到處亂竄，吳郭魚游泳的速度很快，還有本金魚、土虱、泥鰍、幾隻鰻魚，尋找著避難所。

寬大的井底，沒有遮蔽處，泥鰍、青蛙在水底游泳，游啊游！等魯比玩夠了，水裡的魚才慢慢地恢復平靜。

湯姆請彼得、魯比、強生搬板子蓋住水井。

「水井挖得好深哦！沒蓋好，湯姆晚上會掉下去哦！」

湯姆說：「小偷才會掉進我們的水井裡，我們家的『庫洛』守在井邊，晚上有人靠近，庫洛會去咬他，小偷喜歡在夜深的時候，偷抓小豬，我們家的庫洛，曾經把小偷咬得腳發腫，走不動，被二伯，還有三嬸、四叔發現，三更半夜的，一大群人拿起扁擔、棍子來抓小偷，這些小偷都是從別處村莊來的。」

湯姆問魯比：「要不要吃地瓜？我現在要煮飯，等柴火燒著了，丟幾粒地瓜進去。」

彼得帶著弟弟麥可趕回家餵雞鴨。

「媽媽回來看不到人，一定又要罵人了。」

　　強生最得意了，看彼得、湯姆忙著，自己跑到阿華他們家的路燈下，和坤龍、建雄、皇宏、小明、客家小輝玩起捉迷藏的遊戲。

　　客家小輝面向電線桿數著：

衣、膩、散、西、嗯、陸、七、八、久、拾。

　　回頭，鳥獸散。

　　阿華跑到他們家的小雜貨店，媽媽和客人在買賣米粉、花生、醬瓜、麵線。

　　客家小輝進店裡，看不到阿華，從廚房走出來，向大馬路的斜坡道，泥土路邊的排水溝涵洞裡探一探，還是沒有人，抬頭起身時，湯姆用手拍他一下屁股，轉身又看不到人。

　　湯姆和坤龍、建雄、皇宏、小明，躲藏在大稻草堆下，繞著圓圈轉著呢！

　　湯姆帶幾粒熟地瓜，每粒剝開一半，分給大夥。

　　手上捧著熟地瓜，燙到手，叫了一聲，建雄笑出來。

　　皇宏燙到舌頭，嘴巴一直吐口水。

　　笑成一團。

　　客家小輝快速地繞到大稻草堆邊，又快速回轉一圈，正面遇到先叫一聲：「阿華！」

　　坤龍大聲喊說：「阿華不在這裡，不算！不算！」

　　一瞬間又不見人影了，只留下湯姆。

　　湯姆看客家小輝找了那麼累，仍未找到捉迷藏人，

過冬青蛙

就拿一半的地瓜給客家小輝吃。

客家小輝搖搖頭，不死心的，繼續搜索黑暗處。

阿華他們店裡的燈光，和馬路上的路燈，微弱地照出一點點光線，投射到大稻草團對面的幾棵香蕉樹下，枯萎的香蕉樹葉掛在樹上，比人還高，在黑暗處搖搖晃晃，旁邊有彼得他們家的豬舍。

客家小輝邀湯姆一起去找人。

湯姆說：「沒參加遊戲，不能陪你去找，找到了也不算數。」

客家小輝東看西看，大聲的抗議：「跑太遠了，跑太遠了，找不到人，不算！不算！要重來。」

一夥人從彼得他們家的豬舍邊，有一間寮房跑出來，笑嘻嘻的，高興得沒被客家小輝找到。

阿華手上端著大碗公，一面吃，一面走到路燈下。

重新集合後，客家小輝說：「我爸爸回來了，等一下吃飽飯，再出來玩。」

坤龍宣布吃飽飯後，帶掃把到國小的南側門，義公廟等人，玩四腳神、掃把神。

四腳神

湯姆跑回家拿起鐵罐子，在背後釘幾排洞，罐內放蠟燭，提著像燈籠一樣。

「湯姆！湯姆！拿幾把稻草、甘蔗葉去餵牛。」

「喔！」

哥哥、姊姊吃完飯，坐在客廳前廊的廣場看月亮。

蝙蝠飛進飛出的，一頭栽進屋頂草蓬裡，吱吱喳喳地，鑽進鑽出。

過冬青蛙

　　媽媽搬出長板凳坐著納涼，手拿檳榔葉扇子拍拍身子，竹躺椅拿給三伯母坐。

　　阿德、小泉、阿邦、清福、志勇、清溪、仁川，哥哥的死黨，一到傍晚就會聚集，坐在湯姆家廣場聊天。

　　湯姆點好蠟燭，提著鐵罐燈籠，從水井邊經過，看到庫洛趴在那兒餵小狗。湯姆蹲下來，抱起小黃狗，頭大大，身壯壯的，圓滾滾的兩隻腳懸在半空中，盪來盪去，小尾巴一直搖個不停。

　　庫洛伸長脖子，看著每隻小狗有沒有在吸奶，對著湯姆搖搖尾巴，發出哼哼，懶懶的撒嬌聲音，兩眼看著湯姆，想爬起來，又怕一堆小狗找不著吸奶的位子，正猶豫時，湯姆小心地跨過水井上的竹子，上面蓋著木板，不小心絆到，格格作響。

　　井裡的青蛙，噗通地鑽進水裡，躲起來。

　　湯姆好奇地拿鐵罐燈籠往井裡照一照，彎下腰看，沒什麼，起身走向小馬路。

　　庫洛沒跟來。

　　要不是生那一堆小狗，庫洛會跟著湯姆走一段路，自己再回到水井邊的狗窩裡。

　　「湯姆！湯姆！」

　　正隆跑很快，手上捉著鴿子，要到學校操場放。

　　小成、豐榮、正德一路跟著湯姆用跑的，看誰比較快。

彼得他們家的小黑跑出來做勢要咬人，湯姆閃到路邊，撿一根木棍嚇唬小黑狗。

彼得聽到外面的聲音，和弟弟麥可一起跑出來，看到是湯姆他們一群人，把小黑叫過來，用狗鍊綁著，拉到芒果樹下，綁在那兒。

湯姆問：「要不要一起去玩四腳（青蛙）神。」

彼得回頭看看他的父母有沒有聽到，然後用食指比著嘴巴，跟湯姆他們一行人說：「講話小聲一點，不要讓我爸媽聽到，等一下再偷偷跑去找你們。」

湯姆點點頭，用跑跳的方式行進到學校，爬牆翻滾躍下，想推開大鐵門，鎖住了。

後面坤龍、建雄、阿華、阿正、正隆。

正隆把鴿子交給湯姆，從鐵欄杆的空隙，雙手捧著。正隆手一放，捉不穩，鴿子拍動翅膀，湯姆趕緊將鴿子的翅膀抓著，等正隆翻過牆。

走到操場，看著天空，月亮被一朵一朵烏雲遮著，忽亮忽暗的。

正隆說這隻鴿子是他大哥養的，有陰陽眼，黑夜、白天都可以飛行，找到回家的路。手一放，飛到六年級的二樓教室屋頂瓦片上。

「有沒有看到鴿子在天空飛？」

坤龍拿起小石頭往二樓屋頂丟，一團小黑影，鴿子

過冬青蛙

無動於衷，仍留在那兒。

正隆急著說，「會不會今天烏雲太多，看不到回家的路了？」

客家小輝從牆跳下，跑來湊熱鬧，看著屋頂說：「鴿子白天會自己回家，早上睡醒到鴿舍看，一定會在的。」

正隆點點頭。

彼得帶著麥可來到學校。

坤龍、建雄、皇宏要走到五年級教室後面，拿兩支掃把。

暗暗的。

「五年丁班在廁所邊，那裡有魔神呢！」

「有人上廁所時，被魔神打屁股，女老師也在那裡被嚇過呢！」

坤龍、建雄、皇宏聽大夥兒這麼講，有點怕怕，叫湯姆拿他的大鐵罐燈籠，照在前面。

阿華、客家小輝提著小鐵罐燈籠，跟在後頭。

彼得的弟弟麥可走在後面，嚇得跑前跑後。

彼得牽著他的手，說：「到五年甲班看看能不能拿到掃把，就不用到丁班去了？」

聽到推開教室的門聲，學校工友探頭出來，喊著叫：「誰啊？」

小朋友們嚇得一哄而散。

　　有的跑到花園，有的回到操場，彼此摸黑著，在偌大的學校，提著燈籠，互相看對方在哪裡？

　　被工友這麼一喊，再有魔神也不怕了，一個個跑到南側門義公廟，翻牆進入廟前廣場。

　　「坤龍！坤龍！你來當四腳神，皇宏做掃把神。」

　　「客家小輝跳起來比較像青蛙，由他做四腳神好了，坤龍來念咒語。」

　　到廟裡點三炷香，客家小輝先蹲著，坤龍唸唸有詞，在客家小輝頭上拿香繞圓圈。

　　「拜請！拜請！四腳神降靈：四腳公、四腳神、神靈靈、地靈靈，有神有靈，跳不停，青蛙神、青蛙靈，跳上跳下跳不停。」

　　客家小輝要起乩了，頭搖起來了。

　　「再念！再念！念大聲一點。」

　　「拜請！拜請！四腳神降靈：四腳公、四腳神、神靈靈、地靈靈，有神有靈，跳不停，青蛙神、青蛙靈，跳上跳下跳不停。」

　　「青蛙神要起乩了，跳、跳、跳。」

　　客家小輝真的跳起來了，像青蛙一樣，兩手掌壓在地上，兩腳隨即一躍而起，像極了一隻大青蛙在泥土路上，又跳又叫的。後面一群小朋友圍著他，深怕一不小心跳到水溝裡。

　　「快快快！坤龍，還有彼得，你們倆個子大，捉著

過冬青蛙

客家小輝，讓他跳回去廟前廣場。」

客家小輝來回跳個好幾圈，最後想跳下廟後的大圳時，被一夥人圍住，嚇呆了！

「客家小輝今天不曉得是哪裡來的青蛙神，跳得那麼遠，那麼高，叫得比湯姆捉的過冬蛙還要大聲呢！呱呱！不像上次啟東起乩，那隻四腳神跳起來像癩蛤蟆一樣，慢吞吞地走，踢他屁股也跳不高，跳到學校門口，跳了半天呢！哪有這次客家小輝這隻四腳神這樣神勇，這麼有活力，跳一下子就到校門口了。」

「以前聽我哥他們說觀四腳神，要是樹蛙神來，起乩時會跳到樹上，學校南側門那棵榕樹曾被他跳上去，之後又爬又翻滾地跳過圍牆，直跳到操場上呢！」

我哥說那次把他們嚇歪了，深怕那隻青蛙四腳神跳到學校的大樹上，抓不到他，萬一從樹上跳下來時，摔死了，可不好玩的呢！所以他們從此不敢再玩四腳神的起乩遊戲。」

眾人圍著客家小輝，彼得按住他，坤龍唸唸有詞。

「感謝青蛙神的降臨，以後有機會再祈請。」

拍一下肩膀。

「退乩了，退乩了。」

「客家小輝！客家小輝！四腳神附身的感覺怎樣？」

客家小輝渾渾噩噩，說不出所以然來，只覺得手腳有點麻麻的，手掌紅紅的。

「剛剛你跳得那麼高，躍下來時，手掌壓到大小石頭，全身的重力壓在手掌上，後腳像蜻蜓點水一樣，著地馬上跳躍向前，好神勇哦！」

「你看不到自己青蛙跳的模樣，跳起來十足是隻大青蛙呢！」

眾人笑得合不攏嘴，又要挑選掃把神來起乩了。

掃把神

「這次由坤龍來當掃把神好了。」

阿華的哥哥剛好從大廟看完野台戲，一票人也來到義公廟，正想玩掃把神，看到年紀小一輩的小朋友，還未起乩，叫勝元過來，由彼得他弟弟來當掃把神，一定很好玩。

彼得有點護著瘦小的弟弟，怕眾人拿他開玩笑，彼得塊頭大，便自告奮勇，要當掃把神，叫坤龍拿三炷香，便在彼得的頭上繞圈圈，口中唸唸有詞。

「拜請！拜請！掃把神降臨，天靈靈，地靈靈，掃把神拿起，塵土飛，泥土揚，滿天飛石，真靈光，鋪天蓋地掃光光。」

一時之間，彼得高大的身軀拿起掃把，沿路把泥土路上的碎石及塵土，揮舞得飛沙走石，

月光下，隱隱約約、朦朦朧朧的，昏天暗地。

掃到校門口，有一盞路燈，眾人圍著彼得繞幾圈，看掃把的痕跡清楚烙印著，泥塵、碎石掃乾淨了，整條馬路光溜溜的，只剩大石塊埋在泥土路和突出的石頭，連坑洞也乾淨到看不見塵土。

彼得似乎氣不喘，精力充沛，抖著神力，渾身上下搖晃，眼神癡呆地搖頭晃腦，手指緊抓著掃把，旋轉地揮舞掃把。

眾人看地上已無塵土可飛揚，便圍著彼得退乩。

彼得回過神來，直叫：「麥可！麥可！」

麥可和湯姆從牆上跳下來。

回到家裡，大人都已睡著了，湯姆小心地打開木板門，深怕吱吱嘎嘎的聲音太大聲。

爬進被窩裡，溫暖地睡在母親的懷抱。

清晨天未亮，湯姆爬起來，走到客廳，點上蠟燭，

過冬青蛙

放在鐵罐燈籠裡。穿好雨鞋，走到廚房，拿兩塊硬米糕，一面吃，一面收拾裝青蛙的網子，隨手拿起一根竹子，往肯尼家去。

兩人從村莊走到田野，約莫十分鐘。

湯姆的青蛙鈎線在水溝邊，插得比較多，走近點，已聽到咚咚咚！

好幾隻青蛙掛在鈎線上，噗通噗通！兩腳伸展。

湯姆叫肯尼拿燈籠照著，一隻一隻地收拾，整整兩大袋，裝得滿滿的。

回到村莊口，有一位專門收購青蛙的商販等在那兒。

每位早起收拾青蛙的人們，把一袋袋裝滿青蛙的袋子交給商販秤斤兩。

湯姆和肯尼很興奮地賣了三塊錢，兩人平分一塊半。

湯姆把小的青蛙放到水井裡，洗好手腳，又鑽回被窩裡，睡個大頭覺了。

放鴿子

飛機！飛機！飛機在天空大便！

「趕快！趕快過來這裡才看得到。」

二伯母家的三合院前廳的走廊高高的，視野遼闊。

看到遠方一架架飛機，從高空拋下許多許多的東西，大人也神奇地觀望。

想不透怎麼一輛戰車，也可以從天空飛下來，好奇

過冬青蛙

地騎著腳踏車，奔到大片曠野的台糖農場，去看阿兵哥跳傘。

年紀小的無法即時跑去現場，只好蹲在二伯母家門前看飛機上天空大便了。

湯姆睡過頭了。

堂兄弟姊妹姪子們一字一列排開，正數著飛機下多少粒大便？

原來是阿兵哥跳傘，說成飛機在天空大便。

湯姆的堂兄弟年紀比他大得多，有些已經當了爸爸媽媽了。

二伯母的孫子看到湯姆，還得叫聲阿叔或叔公，隨後讓位子給他觀看飛機。

佩珊、清華是堂兄的小孩。

佩珊瘦瘦苗條的身子，常常穿著一身淺色花紋的連身裙子，蓋到膝蓋，頭髮長長的，綁兩條辮子，湯姆很喜歡她。十九歲姑娘遇到湯姆會叫聲阿叔，湯姆得意得點頭，「哦！」一聲，跟著一堆親戚看飛機大便。

羅伯特、史帝夫、艾瑞克站在馬路上，兩手壓在圍牆上，使盡力氣把身子挺上來，剛好探出三顆人頭，在那兒喊叫著：「湯姆！湯姆！」

湯姆身邊的人全都聚精會神看著遠方的天空。

點點豆子般的東西在空中撐開來，由小至大，傘狀般像圓形的蘑菇一樣，緩緩地在空中降落。

　　仔細看清楚，可以看得到的是，阿兵哥在空中跳傘降下的模樣，像極了湯姆釣青蛙鉤線上的青蛙一樣，兩手兩腳垂直，上面掛著圓形蘑菇，降到地平線，就看不見了。

　　可愛的湯姆會更好奇地往屋頂爬，看能不能看得更清楚。

　　史帝夫、羅伯特、艾瑞克叫得更大聲。

　　湯姆在屋頂看得出神，想下來招手，又捨不得不看飛機大便，在屋頂對著他們：「哦！哦！羅伯特！史帝夫！艾瑞克！等一下我馬上下來。」

　　湯姆在屋頂上跳來跳去的，找地方溜下來，叫羅伯特他們先到他的鴿籠去等。

　　保羅、喬治捉著幾隻鴿子來到湯姆家裡，從後院爬上屋頂。

　　幾個小蘿蔔頭在屋瓦上，走來走去，不小心踏著隔壁人家的紅屋瓦，壓碎的聲響，嚦哩啪啦地作響。

　　隔壁林家的老媽跑出來，叫著：「誰在屋頂啊？」

　　抬頭對著屋頂看個究竟。

　　湯姆、喬治、艾瑞克這幾個小鬼頭尋找屋脊躲起來。

　　羅伯特這胖小子笨手笨腳的，找不到地方躲，只好趴著身子，慢慢沿著屋頂斜坡滑下去。

　　湯姆家後院養一堆雞鴨，雞籠、鴨籠上蓋一層鐵皮

過冬青蛙

板，被羅伯特滑下時，踩個正著，東倒西歪，雞犬不寧，雞鴨同聲叫，呱呱咕咕咕。

保羅在屋頂看羅伯特像摔豬公一樣，連滾帶滑地摔落，笑出來。

湯姆、喬治、艾瑞克的身子向前趴著，看不到這一幕，搞不清楚怎麼一回事，聽到身後叮叮噹噹作響。

等羅伯特從雞籠爬出來之後，全身上下已沾滿稻草雞鴨屎。

林家老媽胡疑著，明明聽到屋頂有聲音，卻看不到人。晃著頭，又回到屋內去忙她的事了。

保羅問湯姆：「鴿子要在這裡一起放飛，還是捉到田野去放飛好？」

湯姆趴著的身子緩緩爬起來坐著，探頭看隔壁鄰居林家老媽，有沒有在下面？

湯姆小心翼翼地伸手捉著一隻鴿子，掰開翅膀，學大人看鴿子羽毛密不密？捧在手掌上，然後往天空一甩。

這隻鴿子孤單地在天空轉一圈，便隨處找個地方休息了。

湯姆有點氣餒，站在屋頂遙望。

保羅、喬治也將帶來的鴿子一起放飛，兩隻鴿子隨即在空中繞幾圈之後，便往喬治他們家的方向飛回去了。

湯姆從籠子裡再捉出另一隻公鴿子放飛，看能不能帶領那隻笨母鳥，一起在天空飛翔。

公鴿子精力飽滿，飛到繁華國小的方向去，又繞到村外的溪埔地，漸漸地飛向天際的大武山邊去了。

湯姆得意得望一望，起身招呼這夥童伴去趕那隻笨鳥。

從屋頂看到笨鴿子是停在白醫師他們家的屋脊，躲在屋瓦角上。

湯姆快速地跳躍，踩在硬瓦片當中，順勢往低矮處滑行。

保羅、喬治大聲叫：「湯姆！湯姆！羅伯特還在你們家後院呢！」

湯姆一腳正踩著牆壁，趴著身體正想辦法跳下泥土路，被喬治、保羅這麼一喊，抬頭吃力地挺住身子，一腳跨在半空中，一腳壓在屋瓦上，有點動彈不得，想叫喬治滑下來幫忙。

保羅看喬治對湯姆他們家的屋頂不太熟悉，不知怎麼踩踏才安全，猶豫地蹲上蹲下，湯姆已經自行爬起來了。

走回原處，看羅伯特在後院忙著整理雞鴨屎，艾瑞克也下去幫他提水洗滌。

史帝夫呆呆地坐在一邊。

過冬青蛙

湯姆叫喬治在他們家的屋頂看住那隻笨鴿子，會飛往哪裡去？他們去追趕那隻笨鳥。

喬治叫保羅留下來陪他。

玩貢猜

拿小一點的碎石子丟。

史帝夫、羅伯特不太敢丟石子。

湯姆可丟得正起勁，石頭越拿越大粒，丟到白醫師他們家，日本式的屋瓦，叩叩叩！

醫師娘走出來，站在大門口，向外看一下。

湯姆拿一塊石子，專注地像在丟熟的黃芒果一樣，不偏不倚，把白醫師家裡的窗戶，丟出一個大洞，碎玻

過冬青蛙

璃的聲音嚇到在醫院裡看病的小孩，哭得哇哇叫。

白醫師扶著臉上的眼鏡，走到外面，和太太一起看個究竟。

他們家的小孩建隆正在泥土路的另一邊，和尼可、約翰、俊美、胖小東在玩一種貢猜遊戲。

尼可在地上挖一個長洞，上面放一支兩邊削尖尖的小竹子，一根長竹子放進長洞裡，把小竹子大力向上拋到空中。

建隆、約翰、尼可、胖小東在遠遠的地方，接那落下的小竹子。

建隆個子高大，往後退幾步就接住竹子了。

尼可的貢猜沒得分，換建隆玩貢猜。

建隆拿起他自己削的木棍及小木棍當貢猜，放好了。

「大家退後，退遠一點哦！我會拋得更遠，你們沒退遠一點，是接不住的。」

小尼可才被出局，有點想藉這個機會接住建隆的貢猜，要扳回些許自信，跑得更後面。

湯姆跟白醫師說：「我已經很小心丟鴿子了，那隻鴿子一直蹲在那裡，一動也不動，所以我才用大一點的石頭丟，沒想到，把您們家的窗戶給丟破了。」

白醫師笑一笑，點點頭，和藹可親地，專程過來陪湯姆看那隻鴿子停在哪裡？

湯姆指著屋頂。

白醫師回頭看一眼醫師娘，兩人商量一下，覺得可以叫湯姆從他們家的閣樓，拿長竹竿敲敲看，看鴿子會不會飛走？

約翰身手矯健，跑前跑後，眼睛盯著建隆手上的長木棍。

建隆兩腳站直，彎下腰使力，拿起長木棍，把小木棍拋向空中。

小木棍比竹子重，被建隆拋得高，飛得更遠。

小尼可往後跑，胖小東肚子大，懶得轉身，後退快步跑，想要接住，木棍剛好掉落在建隆的家門前。

白醫師他們夫婦撿起小木棍，看到兩頭削尖尖的木棍，叫建隆過來問：「玩這種遊戲會不會太危險？」

建隆看著同伴等他來打貢猜，不知道怎麼回答父母的疑問。從父親手中拿回小木棍，回到地上挖的長條洞邊，放一塊長方形的石頭，把小木棍放在石頭上，拿長木棍往一邊翹起來的小木棍，狠狠地敲打。

小木棍被拋到半空中翻滾，手中的長木棍瞄準落下的小木棍，像打棒球一樣，打擊出去，飛到遠處。

尼可、約翰、俊美死命地往後跑去接小木棍。

湯姆站在白醫師夫婦的身邊，正要走去找長竹竿，趕笨鴿子，看到建隆的貢猜，小木頭往這裡飛過來，轉身退幾步，接住了。

白醫師看這些小孩玩這種遊戲，感到新奇，覺得小孩子玩得快樂，沒什麼危險，帶著老婆進醫院裡，看病了。

湯姆接住了貢猜，已經忘記要去趕笨鳥的事，和建隆、尼可、胖小東一起玩著貢猜。

羅伯特跑過來向湯姆說，要回家換衣服。

湯姆叫羅伯特下午到學校操場上，一起玩玻璃珠。

史帝夫喊著：「湯姆！你的鴿子飛走了。」

尼可叫湯姆趕快玩貢猜，不要站在後面，還有胖小東沒輪到呢！

湯姆玩一下子，才想起喬治，還有保羅在他家的屋頂看鴿子。

回到家裡，喬治、保羅已經不在。

石陣誘鳥

忙農事

　　媽媽叫湯姆把地瓜葉及地瓜，用腳踩機器碾碎，晚上拿來餵豬，還要把地瓜絲鋪一鋪曬乾。

　　「湯姆！一牛車的地瓜全碾完了嗎？」

　　哥哥交代湯姆廚房那一堆要留著。

　　小姊姊拿一碗媽媽煮好香噴噴的豬肉爆蒜頭、炒米粉、蝦仁蛋，還有一大鍋的竹筍香菇芹菜肉骨湯。

　　秋天火紅的太陽炎熱無比，偶爾飄來一朵朵烏雲，遮著太陽，吹來一陣陣清涼的風。

　　湯姆坐在庭院和爸媽、大哥、姊姊們一起享用一頓飯，感到很快活。

　　秋季的天空變化大，驟然間落下綿綿細雨。

　　湯姆拿起豬八戒耙斗，扶著木棍把手，讓瘦高的父親在前面拉，把地瓜絲堆得高高的，用塑膠布蓋好。

　　過一會兒，大太陽又跑出來了。

　　湯姆學著父母兄姊用畚箕撒地瓜絲鋪平，讓太陽曬乾。

　　累了好多時，湯姆睏了，在客廳長木板凳上睡著了，媽媽拿著被單幫他蓋著。

　　湯姆睡醒，看到天際一片昏暗，淺紅的夕陽，以為是天亮了，趕緊到廚房水井旁刷牙、漱口、洗把臉，背著書包，又蹦蹦跳跳地跑到學校。

　　媽媽正奇怪著，這不愛讀書的小孩怎麼今天特別認真，傍晚了，還會背起書包出去做功課，連出門也只吃幾碗醬油拌豬油白飯，就匆匆地出門。

　　小姊姊笑著說，湯姆已經好幾次把黃昏當天亮，跑到學校上學去呢！

　　父親較嚴肅，不苟言笑，聽小女兒這麼說，和母親、哥哥、大姊全笑出來。

過冬青蛙

　　家裡有這麼一位么子，媽媽可把他當寶貝一樣地疼。

　　湯姆看胖羅伯特和別班的順興、義國、慶嘉，蹲在操場旁邊玩玻璃珠、盪鞦韆，良清和他妹妹崔西，還有比莉、安琪兒也在那裡。

　　彼得的弟弟麥可自己跑來學校，也在那兒玩。

　　胖羅伯特叫著湯姆說：「湯姆！你怎麼背著書包來學校？」

　　湯姆楞著頭，「我以為天亮了，趕快跑到學校上課呢！」

　　比莉、安琪兒、羅伯特笑出來。

　　順興覺得很好玩，問湯姆：「你一路走來，沒發現嗎？」

　　比莉說：「湯姆一定很緊張，用跑的，跑得很快，才不曉得是黃昏，還是天亮哦？」

　　跑來找人玩丟沙包的安琪兒，對著比莉說：「對啊！我哥哥以前也常發生這種事。他中午吃飽飯後，去大圳游泳，游得很累，午覺睡醒，常常把傍晚的夕陽當成白天的早晨，背著書包，直奔學校，爸媽在後面叫，他還搞不清楚怎麼一回事，直到自己清醒了，才知道是黃昏呢！」

　　湯姆站著傻笑，把書包往地上一扔，拿五毛錢向羅伯特買玻璃珠，跟著一起玩。

羅伯特數三十粒給湯姆，一次每人拿出五粒，五個人玩。

先猜拳：「剪刀、石頭、布！」

羅伯特、義國出「布」，順興、慶嘉「剪刀」，湯姆「石頭」。

天色暗了，伸手不見五指，湯姆才想起太晚了，該回家了。

磚頭陣

「湯姆！湯姆！我們今天去灌『肚伯仔』！」

「好呀！等一下子，肯尼呀！我去拿大茶壺裝溪水，灌肚伯仔。」

「湯姆！湯姆！要不要去找湯尼一起來？」

「那我們順道走香蕉園，穿過湯尼他奶奶的雞鴨寮房。」

吹口哨！

「喵！喵！喵！」

「汪！汪！汪！汪汪汪汪！」

「湯尼！你外面的貓狗同伴在叫了。」

湯尼往大圳邊土芒果樹下看。

湯姆、肯尼跑到大圳邊，走在堤防上。

湯尼要跑出來，回頭看，看奶奶撒米粒餵雞，咕咕咯咯，一群小雞跑到大埕，圍在一起搶食。奶奶站直直的，看著一群小雞和麻雀在爭食，拿起掃把，咻！在半空中揮舞。

一大群的麻雀飛到屋瓦上，排成一列，有些飛到芒果樹上，幾隻停在電線上。

湯姆和肯尼拿石頭丟麻雀，丟不到。

麻雀在天空飛來飛去的。

湯姆和肯尼一起去搬磚頭，兩塊磚立八十五度斜角，中間放一根小棍子。

湯尼說他奶奶的雞寮那邊，麻雀最會停留了。

「湯姆！湯姆！磚塊要不要擺這裡？」

湯姆蹲著調整磚塊，回頭看肯尼和湯尼搬一堆磚頭，擺列成骨牌陣。

湯尼跑回家去，從米缸拿一堆米往磚塊的骨牌陣撒，幾隻麻雀飛下來吃食。

湯姆、肯尼、湯尼躲在芒果樹下，觀察一會兒，看

過冬青蛙

麻雀有沒有落入陷阱。

　　肯尼走到天主教堂，看著修女在掃地，側著身子要鑽過鐵欄杆，頭擠進去了，身子被夾在中間，用力縮，一腳先跨過。

　　修女掃著地，轉身看到肯尼被夾在鐵門裡，放下掃把，走過來拉肯尼的手，想辦法推肯尼。

　　肯尼頭歪一邊，上身擠過一半，屁股還在縮著，掙脫了。

　　「修女！修女！我可以去那邊玩溜滑梯嗎？」

　　修女奇怪著，才擔心這小孩會不會有危險，怎麼一下子鑽出來，問她，還來不及答話，看著溜滑梯一眼，肯尼已經爬上去了，站在高處，對著大圳岸邊的湯姆，還有湯尼叫：「湯姆！湯姆！要不要來天主教堂？」

　　湯姆看著湍急的大圳，走下階梯，踏著湍急的淺水區，慢慢走，圳底滑滑的。

　　肯尼叫著湯姆：「不要走圳底，太滑了。」

　　湯姆喜歡冒險，這條大圳夏天湯姆常常來游泳，走過橋底，從另一邊出來，走向對岸，拉著樹根爬上來。

　　湯尼在橋上走過來，拉著湯姆上岸。

　　大圳邊的雜草裡，有幾隻青蛙被湯姆爬上來時的石頭，滾落圳底的聲音，嚇到噗咚噗咚地跳下大圳的水裡。

湯姆回頭看了一下，青蛙好多隻藏在樹叢底下。

肯尼站在溜滑梯的高處，叫著：「有小鳥中陷阱了，磚頭倒了好幾排。」

湯姆聽著時，和湯尼跑去看，幾隻小雞被壓在磚頭底下，奄奄一息的。湯姆嚇得不敢太靠近，和湯尼拿著大茶壺跑到木瓜園，去找肚伯仔的洞穴。

「肯尼！看你們這幾個小鬼做的好事，把我的小雞給壓死了，看我不打死你們才怪！」

肯尼邊跑邊叫：「那不是我擺的磚頭，是你們家的湯姆和湯尼擺的呢！」

「你別說！看我不打死你才怪！」

湯姆在遠遠的木瓜園，看著湯尼的奶奶拿著掃把追著肯尼跑。湯姆在遠處招手，叫肯尼往芋頭園裡鑽進去，躲起來。

湯尼緊張著，直嚷嚷著：「今天晚上一定會被奶奶罵個不停了。」

肯尼驚慌地鑽進去，撥開芋頭葉子，在水裡拼命地狂奔，從另一頭跑出來。

站在田埂的高處張望著，湯尼的奶奶有沒有追過來？

「湯姆！湯姆！你們在哪裡啊？」

「在這裡，肯尼呀！快過來，我們在木瓜園。」

過冬青蛙

「喔！」

跑過地瓜田、花生田、茭白筍田，走向牛車道。

湯姆、湯尼站在肯尼身邊，看著遠遠的田邊，望著湯尼奶奶的身影，拿著掃把往家裡走回去。

湯尼害怕著，對湯姆說：「上次你擺磚頭陣壓死的那次，我被爸爸叫去罰跪，在客廳的桌子底下，我哭著說沒有參與放磚頭，是湯姆自己放的。這次奶奶有看到我和你們一起搬磚頭擺陣地，又回去拿米粒，晚上跟爸爸講，一定會被打得半死。」

湯尼害怕得叫湯姆和肯尼不曉得怎麼辦？

三個人協議，今天晚上不要回家，先躲到湯姆他們家的椰子園的草寮裡。

「我們去灌肚伯仔，晚上烤來吃。」

天暗下來了，看不到東西。

「湯姆！找找看，有沒有火柴？」

「肚子有點餓了，先去摘幾粒蓮霧來吃。」

用手摸，大顆的蓮霧，摘下幾粒，吃著吃著。

「好甜哦！」

這一棵蓮霧樹生長的果實，又大又甜。

「湯姆！湯姆！你要爬到樹上摘下那一串串的蓮霧嗎？」

「沒有喔！我只是抓著那一串的大蓮霧，摘下大顆的來吃。」

　　肯尼貪嘴，蓮霧一粒接一粒，拼命地吃。

　　「湯姆！湯姆！這裡有溪水可以洗乾淨再吃嗎？」

　　「我們用衣服包著，到溪邊洗好再吃。」

　　「肯尼！你怎麼了？」

　　肯尼說不出話來，喉嚨好痛！好痛！用手去摳喉嚨，裡面有一粒硬硬的肉團，一直卡著，越脹越大。

　　肯尼快要死了。

　　「湯姆！湯姆！快來幫忙！肯尼快要死了。」

　　「嘴巴張大一點！」

　　「啊！」

　　「肯尼一定沒洗蓮霧，吃到蜘蛛絲了。」

　　「我去折一枝竹子，把肯尼喉嚨裡的肉團戳破。」

　　「肯尼！忍耐點！」

　　嘴巴張大著。

　　「湯尼！去找一找比較尖的小竹子。」

　　「喔！天暗暗，看不太清楚。」

　　肯尼：「喔！喔！喔！」痛苦地掉下眼淚。喉嚨硬硬的，好像吃到魚刺，卡在肉裡一樣的刺痛。

　　湯姆用竹子又挖又戳的，就是戳不破。

　　肯尼痛苦地接過湯姆手中的尖竹子，用力地往嘴裡摳。實在很痛苦，快要窒息了，臉色發白，隨即臉色又脹紅，兩眼翻白，看不到天色，整個人縮成一團，竹子

過冬青蛙

拼命地摳進去。

戳破了！戳破了！血流出來了。

「好多血喔！湯姆！」

湯姆過來扶著肯尼，帶他到井邊，用清水灌著肯尼，把嘴裡的髒血吐出來。

「肯尼！肯尼！坐好！多含幾口井水，漱漱口，把髒血吐掉，就沒事了。」

肯尼身子虛弱地攤在湯姆身上。

湯尼跑去找人家的紅甘蔗園，偷拔一根又粗又長的紅甘蔗，把甘蔗葉子藏起來，洗一洗，用膝蓋折斷一小截，拿給肯尼吃。

湯姆用牙齒把甘蔗皮咬掉，拿給肯尼咀嚼。

「肯尼！肯尼！有沒有比較舒服？」

「嗯！」點點頭。

接過湯姆手中的紅甘蔗，一大口咬下去，慢慢地，有一點體力去吃甘蔗。吞下美味的甘蔗汁，漸漸地神色變得比較清醒。

「湯姆！湯姆！我們可以回家了嗎？」

湯尼手上拿一截跟自己身高一樣長的甘蔗，學老人家當拐杖拄著地，走過來，要扶著肯尼，手中的甘蔗太重了，拿著它比空手去扶肯尼還要累。

肯尼現在說話的聲音比較虛弱而已，體力已經恢復得很好，跟湯尼說不用甘蔗當拐杖。

　　「我現在喉嚨有一點點怪怪的，好像感冒時，口中乾乾的，不舒服，吃幾口甘蔗，已經好些了。」

貼湯圓

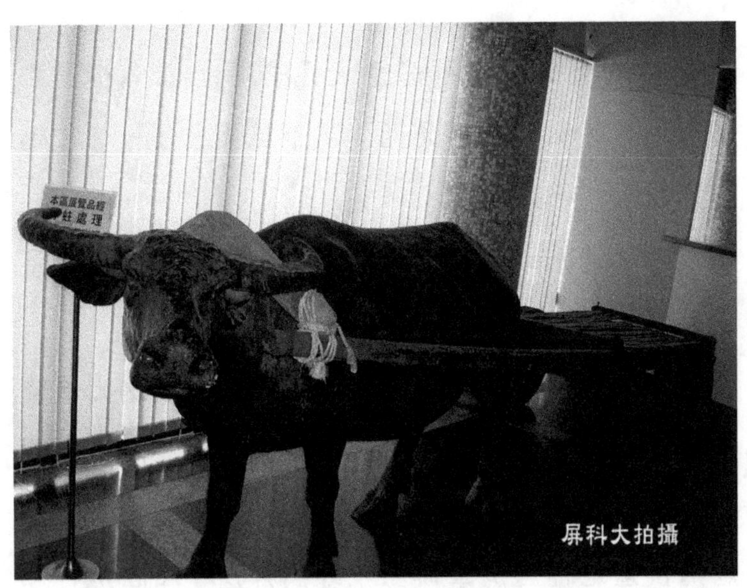

屏科大拍攝

　　湯尼回到家裡，走到豬舍旁，姊姊看到湯尼，叫湯尼從農具室那邊走到廚房，才不會被爸爸及奶奶看到。

　　「小湯尼今天把奶奶的小雞壓死，這小孩連說幾次，就是不聽話，非得我動手打人，他才怕，等一下看到，非得叫他到客廳去罰跪。」

　　湯尼躲在媽媽身後，媽媽假裝沒看到，聽著爸爸在訓話呢！

　　姊姊拿一碗飯夾幾道菜，牽著湯尼去農具室吃飯。

　　大哥、二哥也護著湯尼，怕被爸爸看到，很認真地去拖一大柱的香蕉樹，拉一把矮凳坐在大埕的廣場，用大菜刀揮剁著香蕉樹，要去餵豬呢！

　　「湯姆！湯姆！你不知道天色昏暗了嗎？小鳥都知道歸巢，怎麼你玩到日頭西下，不見天日了，你才想到要回家呀！」

　　媽媽唸著湯姆，每天都玩瘋了，不知道是日時，還是暗夜。

　　湯姆頭皮有一點發麻，聽著媽媽碎碎唸。湯姆很害怕媽媽唸過頭，爸爸聽得不耐煩，脾氣一來，湯姆又要遭殃了。

　　湯姆快速地從廚房拿碗飯，躲到井邊，和庫洛一起吃飯。只有庫洛最瞭解湯姆了，摸著庫洛的頭，把庫洛整顆頭往懷中緊緊抱著。

　　庫洛生的小狗好幾隻，被養豬的堂姊夫抱去，剩下兩隻小黃、小灰，長得很可愛，跑過來湯姆身邊，好像在爭寵似的，搖搖小尾巴，前足一直向著湯姆的胸前撲上來。

　　湯姆看哥哥姊姊吃完飯，坐在大埕的廣場，和一大堆親朋好友嘰嘰喳喳，天南地北閒聊。湯姆感覺今天應

過冬青蛙

該沒事，不會被叫去責罵。

看媽媽在後院忙著搓湯圓，紅色、白色，搓成一堆堆的。

放在大篩籠裡的湯圓，晚上天氣冷，可以吃。

明天就是冬至了，要吃湯圓進補，身體才會暖和。

「媽媽！我要搓湯圓，裡面包花生粉，還有芝麻糊，有沒有可以煎的大湯圓呢？」

「有啊！只要你乖乖的，不要每天東跑西跑的，讓我找不到人。你要吃什麼，媽媽就做給你吃喔！」

湯姆有點為難，不知如何回答媽媽的話，才在灶火旁看一下爐火，很不耐煩地幫媽媽搓兩下子湯圓，又想往外跑出去玩了。

媽媽說：「要不要拿幾粒煮好的湯圓去貼牛角？」

湯姆興奮地拿幾粒大紅湯圓貼在牛角上，告訴牛說：「今年你又多一歲了，明年帶你去吃草，可不能亂跑哦！」

湯姆想起讀二年級的時候，爸媽在收割稻子，牛車停在水道間，這頭牛原來性情很溫和的，不知道怎麼搞的，忽然間捉狂，狂奔起來.

一時間，看不到牛的踪影，嚇壞了爸媽，還有小湯姆。

哥哥從後面一直追著牛跑。

這頭牛竟然一路狂奔回到家裡的牛舍，安穩地吃草。

後來爸爸才發現原來這頭牛是被牛虻叮咬得受不了了，才會有發狂的行為。

以後要帶牛出來耕田做農務，或是湯姆帶牛到田野放牧時，一定要在牛的身上多塗一些泥土，或讓牛在泥潭裡，泡泡泥澡，身上有一層泥土的保護，就不怕牛虻叮咬了。

爸爸看這頭老牛在家裡耕種已經幾年了，捨不得賣掉被拖去宰殺，另外買一條年輕力壯的牛來耕種。

想到放牛吃草，湯姆對這幾頭牛更有些許的疼愛呢！

夏天牽著牛和庫洛到大片的田野放牧，牛可以在寬廣的草原盡情地吃草。

湯姆和放牛同伴在溪埔地的草原上，挖一條龍藥草，或躺在草地上，看雲雀飛到高空鳴叫著。

炎熱的夏天會驟然間下一場西北雨，那也很刺激，全身淋得溼答答的，看著雨後綠草青青，遠處的青山，一道彩虹掛在天空，直跨到大武山旁。

天氣驟然間的變化，湯姆一直覺得很新鮮。

看到這頭牛安靜地躺在這裡吃草，牛角上幾粒湯圓有些滑下來，一、兩粒黏在牛角上。

湯姆想有機會帶著這頭牛，去他新發現的台糖農場

的甘蔗田那邊，一大片長得茂盛，有著新鮮嫩草的草
地，可以讓牛在那兒好好享受鮮草大餐。

出車禍

「湯姆！湯姆！你爸爸出車禍了。」

湯姆的爸爸在學校橋邊被一輛拼裝的三輪車，從後面撞個四腳朝天，滾到水溝裡。

湯姆的爸爸牽的那頭牛嚇得狂奔起來。

全街上的人，有的去追湯姆家的牛，有的人跑過去，跳下水溝，扶起湯姆的爸爸，想盡辦法送到屏東醫院。

過冬青蛙

好可怕！就在阿雄家的斜對面，被撞著了。

饅頭叔正好在店裡搓麵糰，剛剛才看到湯姆的爸爸肩膀上扛著犁頭，趕著牛要去田裡，走在馬路邊，過橋不久，被同村的阿文駕駛的大三輪車從後面撞倒。有一群村人，一大早的，坐在路邊吃早餐，正好看到這一幕呢！

「湯姆！你爸爸住院了，你們家的田怎麼辦？插秧種稻犁田，要大人才有辦法！我媽說，你大哥又要去當兵，家裡只剩你媽媽，還有三位姊姊，你媽媽沒辦法種田，來我們家，叫我爸爸幫忙。

湯姆！以後你有需要幫忙，也要找我哦！我最疼你，看有誰敢欺負你，找他算帳。」

大掃除

「湯姆！你上課怎麼老是看著外面的天空呢？」

「老師！老師！我一直努力想把黑板上的ㄅㄆㄇㄈ記下來，拼湊成一句話，或是一個字，但我發覺從小學一年級開始，我一直學不會吔！」

同學笑！

老師拿著長棍子敲打桌面，啪啪啪！

「安靜！安靜！不准笑！」

過冬青蛙

對湯姆說：「湯姆！你就是貪玩，不想念書，功課才不會進步，每次叫你寫作業，不是繳白卷，就是作業寫得像畫符咒一樣。」

又宣布：「以後要是沒寫作業，老師就要打手掌哦！」

湯姆煩惱著老師交代的每一句話，坐立不安，等待快下課回家，枯坐在學校教室，聽不懂老師站在講台上講的話。

湯姆覺得日子過得好長！好長！這漫長的日子要一天天過個沒完。

想著想著，湯姆的眼皮又重重地垂下來，點頭打瞌睡。

快要進入夢鄉時，叮噹！叮噹聲響起。哦！下課了！

湯姆精神又來了，第一個跑出教室，活動活動。操場玩一下球，跑跑跳跳到福利社買一支棒棒糖，含在嘴裡，吃得正過癮時，後面來了一位高年級的大個子，從背後捉著小湯姆的肩膀，要命地搖著湯姆。

湯姆嚇得呱呱叫！哭泣聲引來一堆人。

華提帶一群人從五年乙班跑過來，推開王哥，叫王哥以後小心一點，不准碰湯姆。

華提聲勢大得讓王哥害怕起來，蹲下去撿拾湯姆的小黃鴨舌帽。

　　華提接過來檢查。

　　「你把我家小叔的帽子弄斷了，要你賠一頂新的帽子來。」

　　王哥震懾得更害怕，王哥直說：「我沒錢買，可是我有蓮霧，我送一個星期的蓮霧賠你家的小湯姆，可以嗎？」

　　華提打量著王哥的誠意，問小湯姆要不要接受？

　　湯姆點點頭。

　　回到教室，看到阿香老師站在講台上，有同學看不懂字，問「瞎」字怎麼唸？

　　阿香老師長得很瘦，臉上老是塗一層紅紅的東西，好像猴子的紅屁股。講話的時候，聲音尖尖的，好像小豬要被閹時發出的叫聲。走起路來，不只會擺臀扭腰，偶爾不小心，她穿的高跟鞋踏歪了，身子向前傾，一副快要跌倒的模樣，那才令同學發笑呢！

　　同學每次問她這個字怎麼念？

　　阿香老師會說：「有邊讀邊，沒邊讀中間。」

　　「阿香老師！我們在二、三年級的阿雪老師，上課常常講故事給我們聽呢！妳可以講故事給我們聽嗎？」

　　「我今天沒有準備，改天我準備好了故事的內容，再講給你們聽，好嗎？你們以前都聽過什麼樣的故事呀？」

過冬青蛙

「桃太郎、芒果樹開花不結果的故事。」

「還有捕魚郎遇風浪、小白狗流浪記。」

「今天放學前要大掃除，準備放寒假。等一下要把課桌椅及玻璃窗擦乾淨哦！」

阿香老師不在，同學七嘴八舌，吵成一團。有好多同學乾脆搬小椅子，到四年級教室後面的圳溝裡去洗刷。等阿香老師搖搖擺擺，扭著身子出現在教室時，簡直是嚇得花容失色，臉色蒼白地說不出話來。

全班的小朋友不分男生或女生，全把課桌椅搬進了圳溝裡面洗滌。同學們有的站在雜草叢生的堤防上看熱鬧，幾個調皮搗蛋的男同學在樹上爬來爬去，拿棍子作弄女同學。好多小同學不怕天氣涼，全身泡在圳溝裡，到底是在洗東西，還是在玩鬧？

阿香老師緊張地叫全班同學起來。等一下降旗典禮在操場集合時，校長要是看到全班同學溼答答的，不知道要怎麼應付？

「阿香老師！我們提水把窗戶的玻璃用水沖得很乾淨呢！」

「趕快！趕快！你們把教室的水弄乾，不要提水沖教室了。女生把桌椅排整齊，男生拿長竹竿綁一塊布，把窗戶擦乾淨。同學們一個一個趕快進來，看看圳溝裡，還有沒有人在那裡？」

叫班長崔西帶人去找找看，要集合了。

「等一下校長會宣布註冊費沒有繳交的，要留下來。現在校長宣布說，註冊費沒有繳的，以後早晚升旗典禮都要到司令台集合。請各位同學回家之後，記得跟父母講，註冊費要記得拿來學校繳交。我們班上大概有十二、三位沒有繳交。下學期開學的時候，希望我們班上的同學，不要被叫到司令台上。」

烏秋叔家

甘蔗園

「湯姆！湯姆！今天要跟爸爸趕牛車去甘蔗園，撿甘蔗葉子哦！」

「喔！」

還要再睡一下，躲在被窩裡，很舒服的。

湯姆今天煩惱著，又要去田裡做農事，躲在被窩裡，不想起床。滿腦子想著夏綠蒂和她妹妹，為什麼夏綠蒂和她妹妹可以不必下田工作？

過冬青蛙

真的不想起床呢！

想到又要去甘蔗園撿甘蔗葉子。

那冷風一陣一陣地吹，露珠一滴一滴地沾到身體，腳下踏著高低不平的，一條條長長的土堆，好長好長的甘蔗園。

湯姆想到那麼一大片的甘蔗園，就嚇得又躲回被窩裡，鑽進去了。

最好爸媽忘記來叫他。

假裝睡著了，聽到爸爸在牛舍那邊，弄牛車，把牛軛套在牛頸上。

媽媽的腳步聲越走越近，湯姆知道沒辦法賴床了。

把棉被掀開來，「起床！」等媽媽正想開口叫，湯姆已經站在媽媽的身邊了。

湯姆說要帶庫洛一起去撿甘蔗葉子，未等媽媽回覆，已經跑到井邊把庫洛脖子上的鎖鍊解開。

庫洛又蹦又跳地在曬穀廣場繞一圈，跑到牛舍旁拉一把尿，回到湯姆的身邊，前腳撲向湯姆。

到廚房弄早餐吃，添了兩碗粥配醬料。

拿把香蕉刀，跑到爸爸的牛車上，坐著趕牛上路。

庫洛體型大，跳上來坐在湯姆的身邊，庫洛的兩隻小狗一路跑在後面追，被媽媽趕回去，站得遠遠地看著湯姆漸行漸遠。

　村子裡，一大早的，人來人往，男男女女，騎著腳踏車，各自往自己的田裡去。

　湯姆接過爸爸手中的繩子，學著趕牛車。

　看到二伯父的大兒子叫聲「阿兄」，四叔的三兒子也叫聲「阿兄」。

　牛車未趕出村子，一路上，叫阿兄或點頭打招呼，不下十幾位.

　這對湯姆來說，是很得意的，他和這些大哥大同輩份。

　記得烏秋叔的大女兒訂婚，跟著爸爸去他們家吃訂婚喜餅。

　晚上烏秋叔他們家廣場坐滿親戚，一面吃著喜餅，一面談天說地。

　四周圍檳榔樹、椰子樹影隨風飄動，屋舍後面還有一大叢的麻竹，長得好高大。大竹子隨風搖曳，還會發出咯咯咯的聲響。

　幾隻不知名的鳥兒，在空中飛舞。

　烏鴉停在遠處吱吱叫，大人們談論著烏鴉的故事。

　「這種鳥的出現，會帶來噩運，最好自己家裡的屋頂不要被烏鴉停留，否則屋主人會帶來噩運呢！……」

　烏鴉整隻黑不隆咚的，飛在天空中，好像邪靈罩頂一般地可怖，叫聲更是難聽，呱呱呱！遠遠地看到牠們停在樹上或人家的屋頂，站立挺身，昂首倚望著的模

過冬青蛙

樣，煞是嚇人！

有人說，被這種鳥正眼瞧見之後，人會死掉，要不！就是會發瘋。

村子裡，有一戶人家妻子早死，再婚娶的老婆很刻薄，對前妻的子女幾近虐待，當後母的嘴臉這般狠毒，她們家的屋頂常常駐足二、三對烏鴉，在傍晚時分便在那兒叫，叫個不停。

湯姆入夜走過她們家附近的道路上，聽到烏鴉的叫聲，感覺有那麼一點淒涼、悲愴、可怖。

聽說那戶人家的老婆陰魂不散，常回來，伺機報復後母虐待她的小孩。

湯姆看著那戶人家的庭院深深，幾棵香蕉樹，高大的芒果樹被秋風秋夜的風，吹得陰森森。湯姆兩腳發軟地快跑回家。

今天烏秋叔他們家正喜氣洋洋地，圍著一大群的親族在吃喜餅。

秋風煞風景地，飛來兩隻不識相的烏鴉，帶來那麼一點怖畏詭異的氣氛。

爸爸瘦瘦高高的身材，牽著湯姆，走到爸爸堂兄弟家裡做客，身邊圍著湯姆這一輩份的堂兄弟。

問爸爸這一位是誰呢？

「叔公啊！」

叔公討兩位老婆呢！

三合院分成兩邊，一房住東邊，另一房住西邊，湯姆常常搞混，跑到東邊叫西邊的大嬸婆，跑到西邊叫東邊的二嬸婆。對他們家的大人小孩，常分不清楚誰是誰的小孩？看到年紀大的，就叫阿兄、阿嫂。

扮家家

兄嫂的小孩跑來找湯姆。

「湯姆！我們來玩扮家家酒好嗎？」

湯姆和彩雲一對，提德和鳳珠一對。

「我們在地上畫房子和田地，湯姆家養六隻雞、一頭牛、八隻豬，後面的庭院養一堆鴨、鵝。湯姆！你要養狗嗎？」

「要啊！把我家的庫洛畫進去，我還要養鴿子呢！慶文！你會畫鴿子嗎？」

吉姆從外面跑過來，說他要和秀珍同一對。

湯姆搬紅磚塊當房子，小圓石頭當家畜，用竹子圍田地領域。

彩雲拿一條破紅布做成一個娃娃背著。

吉姆頑皮地要去捉弄彩雲背的娃娃。

彩雲不肯讓他玩，叫吉姆的秀珍自己生一個娃娃。

吉姆硬要抱，彩雲哭著，罵：「臭吉姆！我不要跟你玩。」

慶文和湯姆在數誰的財產比較多？

湯姆說：「我這塊田要種紅甘蔗，那邊要種香蕉，這裡要種蓮霧，慶文！你要種什麼呢？」

「哦！我的田要種花，很多很多的花。我要看到一片黃色的花朵，在陽光下隨風搖曳。我可以牽著我們家的牛，漫無目的地坐在那兒，曬太陽，或吹洞簫。

湯姆！你會吹洞簫嗎？」

「不會！」

「要不要我教你吹吹看？」

「慶文！傍晚時分，在我家會聽到吹洞簫的聲音，是你吹的嗎？」

「不一定！有時候是我爸吹的，有時候是我吹的。」

「我媽說，黃昏時刻聽到這種簫聲，整個人會感到

過冬青蛙

憂愁，心酸酸地糾結。尤其聽到那首『嘿啾一隻鳥哭啼啼』、『天黑黑嘍落雨』、『無聊的暗暝』，這些歌是你吹的嗎？」

「不是呢！我的拿手曲子只有一、兩首而已。要吹得像我爸一樣，把人家的肺腑統統感動得糾結在一起，讓人聽得天旋地轉，好像整個天空佈滿蕭瑟的氣氛，感動得宛如一隻鳥找不到歸巢，著急得不知所措，在樹枝間亂蹦亂跳，又急又叫的。遇到風雨交加，瑟縮著身子，兩眼無神地盼望有個溫暖的巢穴可以安身。

我爸說，要懂得天地萬物，直至一草一木，都有感情的存在，田野間的飛禽走獸，大到如一頭牛，一隻小小的鳥兒在天空飛來飛去，蜻蜓、青蛙、昆蟲牠們也都有靈性呢！

你要看到一對白頭翁為了養育牠們的小鳥，從早到晚一直忙個不停。在野外覓食回家時，看到老鼠正要叼走牠們的小鳥，在樹枝間和老鼠戰鬥，兩隻白頭翁為了保護小鳥，飛進飛出地發出一種淒厲聲，又著急無奈地不怕死，拼命地維護自己家人的那種情景。要是讓你看到了這一幕的生死搏鬥，不感動得叫你當場淚灑，那才怪呢！」

湯姆聽不懂慶文這些長篇大論，搞不懂一隻鳥還有這麼多的學問，對慶文說：「我常常和同學爬上檳榔樹捉鳥巢呢！麻雀最喜歡築巢在檳榔樹葉的頂端，我們兩手環抱樹幹，兩腳綁一圈草繩，一抱一推，慢慢爬上檳榔樹梢，看到鳥蛋就撿來吃，有小鳥就捉下來養。

白頭翁的巢穴不好捉，牠們都把鳥巢築在細細的樹枝上，要捉也捉不到。

慶文！我沒有捉白頭翁喔！這樣子，你爸爸就不會傷心了，以後我看到白頭翁一定會保護牠們。我知道白頭翁最喜歡吃木瓜了。我家種的番石榴，最熟最甜的部分，小鳥都會來吃。我哥說熟果子被鳥吃的話，要是有破洞，一定是白頭翁最先吃的呢！

慶文！以後我捉麻雀就好了，你爸爸吹洞簫對白頭翁有感情，以後我就不捉了。」

吉姆拉著彩雲的紅背帶，像在舞龍一樣玩弄著。

彩雲哭紅了臉，要吉姆賠還她一條紅背帶。

「這是媽媽背妹妹用的，你還我！」

吉姆做鬼臉，跑到湯姆和慶文那邊，用腳把地上畫的房子、田地、雞鴨踢得一塌糊塗，說：「不跟你們玩了，你們玩的家家酒好討厭，我要去卿惠她們家玩。」

湯姆跑回爸爸身邊，看著洪老師的兒子吉姆亂發飈地搗蛋。

慶文忽然間也對著湯姆說：「不跟你好了，亂捉小鳥的傢伙，不懂得尊重生命，以後不跟你玩了。」

湯姆躲在父親的大腿間，抱著爸爸的腿對慶文做鬼

過冬青蛙

臉。

　　秋萍、彩雲、秀珍、慶川互相罵著湯姆。

　　湯姆的老叔公坐在客廳的走廊，拿著拐杖，瞇著老花眼，看著自己的孫子和湯姆爭吵，想要從座椅起來，有點吃力，扶著把手。

　　湯姆的老爹靜靜地站在原處，若無其事地和堂兄弟聊天。

　　偌大的庭院，看這群小鬼頭玩得高興，一下子又變成仇人似的。

　　彩雲的媽媽走過來，對慶文、慶川這兩兄弟說：「你要叫湯姆叔公呢！不可以不禮貌，對湯姆叔公亂吼亂叫的。」

　　「我才不管呢！誰叫他告訴我捉那麼多青蛙，還有小鳥的事。我爸爸吃素，常常教我們不可以殺生，更不能捉小鳥或其他動物。湯姆叔公什麼都捉來玩，我不要跟他好了。要好，你們家的彩雲和他扮夫妻，你們家自己和他好。」

　　轉頭跑掉了。

　　湯姆看不出這對兄弟是東房，還是西房的堂兄弟的小孩。

　　彩雲拉著媽媽不好意思，躲在媽媽身後。

　　「湯姆！湯姆！要回家了。」

爸爸牽著湯姆走出三合院。

秀珍、彩雲在後面叫：「湯姆叔公！再見！」

湯姆回頭叫彩雲的媽媽：「阿嫂再見！有空帶彩雲來我家喔！」

彩雲又快速地溜回去了。

坐牛車

　　湯姆坐在牛車上，縮著身子，冷風一陣一陣吹來，轉頭看父親瘦高的身軀。

　　即使在冬天，爸爸還是穿一件單薄的衣服，不畏風寒地趕牛車到甘蔗園，忙著收成一排排的甘蔗田。

　　用竹子削成一條一條扁扁的小竹片條綁著，橫放在一壟壟硬土上的甘蔗。

湯姆跳來跳去的，沒辦法綑綁，只好跟在後頭撿甘蔗葉子，放一堆後，汗流滿身，風一吹，發著抖，走到有太陽曬得到的地方取暖。

吹口哨！

庫洛從很遠的地方抬頭轉身，飛奔跑到湯姆身邊。

抱著庫洛厚厚的狗毛，身子感到很暖和。

剛剛坐在牛車上，一路上回憶著，爸爸帶他去叔公家串門子的往事，覺得彩雲是位可愛又善良的女孩，臉圓圓的，稚肥稚肥的，眼睛又大又明亮，看人的時候，總帶點羞澀含蓄，一副惹人憐的模樣，還真叫湯姆有點喜歡呢！她可是堂嫂的女兒。

在眾多親族當中，湯姆努力想著，有哪幾位比較像他心目中的艾莉絲。

陽光越來越強，躲回陰暗處，一下子身子變冷，走到陽光下，又太熱。

前面一排排的大人在拔甘蔗，看到湯姆楞在那兒，大聲地喊叫：「湯姆！趕快撿甘蔗葉，不要做白日夢，等一下看到老鼠窩，叫你的庫洛來挖，或是用煙熏老鼠，甘蔗葉要趕快撿好哦！」

湯姆看著老遠的大人一根一根地，將甘蔗拔起，削掉尾部的甘蔗葉子，平放在土堆溝槽中，這些甘蔗葉子讓湯姆渾身發抖，不知道什麼時候才可以撿完呢？

阿郎駕一部牛車緩緩地駛過來，把一捆、一捆大人

過冬青蛙

綑綁好的甘蔗，一把一把地丟到牛車上。

阿郎嘴裡有幾顆金牙，講話的時候，嘴巴張得好大。

湯姆看著阿郎賣力地推著甘蔗，笑嘻嘻地叫：「小湯姆！等一下要不要坐我的牛車去鐵道場呀？那裡有整台的空火車可以玩哦！

湯姆！要不要問你爸爸，坐叔叔的牛車去鐵道場，看顧你們家的甘蔗呀？」

「喔！可是甘蔗葉子我還沒撿完呢！」

「傻孩子啊！你撿不完的啦！年紀這麼小，甘蔗葉子拉出來，都超過你一倍的身高，你怎麼撿得動呢？去問你爸爸，說叔叔的第一台牛車裝好甘蔗，要出發了。」

坐在甘蔗疊得高高的牛車上，阿郎拿香蕉刀，削掉甘蔗皮，一節節的咀嚼。

「湯姆！你要小心看著，不要讓保警捉到我們吃甘蔗喔！否則會捉去關呢！」

「阿郎叔！這甘蔗是我們家種的，為什麼保警會捉我們呢？」

「喔！因為甘蔗是台糖要收購去做成白糖出口賺外匯，你們種的甘蔗和台糖有訂契約啊！每分地要收成多少，台糖是有計算的哦！甘蔗糖是很珍貴的呦！所以台糖才會派人出來巡視，看有沒有人在偷吃甘蔗呀！」

「喔！原來是這麼一回事，難怪我爸爸載甘蔗葉回家，中間都會放一大把白甘蔗呢！」

「阿郎叔！等一下到火車場，我可以和庫洛在那兒玩嗎？我家的庫洛會跑到墓仔埔去亂咬東西呢！每次帶牠出來田野，庫洛簡直就是玩瘋了，到處跑，到處跳，一下子跑到竹筍田，一下子鑽到甘蔗田，看到斑鳩像瘋狗一樣，高興地玩鳥呢！」

「那是你平常沒有帶庫洛去散步，或帶到野外去玩呀！所以牠和你到田裡，看到這麼新鮮的事，當然高興得到處探索呢！」

「阿郎叔！你家有養狗嗎？」

「有啊！養一隻小黃狗，沒有你家的庫洛那麼壯。小黃要看到庫洛，我看準嚇呆了，小黃很瘦，膽子又小，帶牠出來不方便做事，有機會來我家看小黃哦！」

「你家住在我二伯母她們的菜園後面，有很多低矮的草厝那邊嗎？」

「湯姆！你有去過嗎？」

「有啊！我堂哥的大兒子華提，帶我去過呢！我同學彼得的阿姨也住那兒。你們住的地方下雨天會淹大水，我還帶著網去撈魚呢！大水溝、小水溝淹滿了雨水，連別人家裡的曬穀場，都可以捉到大吳郭魚呢！

阿郎叔！你在你家捉過魚嗎？」

「阿郎叔農務忙得很，家裡淹水進來，都來不及掃了，哪有你那麼多時間可以捉魚呢！不過倒是有幾條魚

過冬青蛙

或鰻魚、泥鰍跑進我們家客廳或廚房的。大雨過後，牛車路泥濘滿地，有時候走過去，還會踏到土虱或泥鰍呢！」

「我們家下大雨也會淹水哦！淹到水井滿滿的，我捉的青蛙，還有好多魚、泥鰍都跑掉了。」

牛車要爬坡過鐵道。「噢！」阿郎叔揮鞭打牛背。

「湯姆！我抱你下來。等一下阿郎叔把甘蔗卸好，空牛車再回去你家的甘蔗田載幾趟。現在火車場有十幾台空車，還不需看顧，你要在這裡玩，還是隨著阿郎叔回去？」

湯姆吃著甘蔗，嘴巴有好多汁流出來，漱！一聲，大口地吸下甘蔗汁，手上拿著削好的甘蔗，和庫洛跑到地瓜田，看到很多肚伯仔的洞穴，又想灌肚伯仔。

這裡溪水多，找一個竹筒裝滿水，拿一片扁扁的石頭，挖肚伯仔的洞穴。挖出一個洞，水灌進泥土裡，肚伯仔的洞灌滿了水，肚伯仔的鬍子兩根長長的跑出洞外。湯姆小心用手擰著肚伯仔的鬚，捉著捉著，肚伯仔在洞裡掙扎，不敢跑出來，又鑽回去了。

湯姆看情況不對，拿一根硬竹子往肚伯仔的洞口摳著，要阻擋肚伯仔鑽回深洞裡。摳一次，把泥土翻開了，仍然看不到肚伯仔，再挖深一點。

「哦！有兩條洞口。」

肚伯仔在泥土的隧道裡，挖出兩條逃生口，肚伯仔退回另一條出口。

湯姆順著洞口用手摳著，手指碰觸到肚伯仔，另一隻手拿硬竹子，往肚伯仔的逃生口伸進去，手指掰開泥土，肚伯仔乖乖就擒了。湯姆找一個竹筒罐裝肚伯仔，摘幾片地瓜葉丟進去給肚伯仔吃。

「汪！汪！汪！」

「庫洛！你在叫什麼呀？哦！原來是『青池仔』綠繡眼的鳥巢，裡面有好多隻小鳥。」

哇！光溜溜的，好像沒穿衣服一樣。這麼小，捉回去養不活的。

「庫洛！不能咬喔！」

青池仔的父母出外覓食，改天再來看牠們長多大了，慢慢地觀察一下。這一對青池仔把鳥巢築在決明子的樹上，打個結做記號。

「庫洛！走！我們去那一條大圳摘客家菜『過貓』（過溝菜蕨），中午叫媽媽炒薑絲來吃。」

「汪！汪！汪！」

「庫洛！你別下來這裡水深哦！去！去！去堤岸等我。」

過貓生長在這大圳邊，剛冒出的芽又肥又嫩，摘幾把就好了，先泡在水裡，順便摸一下，圳邊水比較淺的地方，看有沒有蛤仔？

過冬青蛙

「哇！好多蛤仔。」

去撿一個檳榔葉子來裝。

「阿郎叔！你看！我在圳底摸了好多好多的蛤仔，你要不要帶一點回家裡煮？這裡還有過貓喔！」

焢土窯

媽媽挑一擔的午餐，遠遠地從鐵道走過來。

湯姆看到，興奮地狂奔著，往鐵道去。

「媽媽！媽媽！我在圳底摸了好多蛤仔喔！還摘了好幾把的過貓。

媽媽！您肩膀上挑這些飯菜會不會很重，坐下來休息一下好嗎？」

過冬青蛙

「傻孩子！媽媽要趕快把飯菜送去，給幫我們採收甘蔗的人吃啊！要趁熱吃，才不會吃到冷飯呢！」

「哦！那吃飽飯，我可不可以焢蕃薯？」

「要小心哦！不要讓焢窯的火苗燒到甘蔗田。萬一像去年你堂哥不小心把甘蔗田燒了，採收甘蔗的人會變成黑面炭人呢！」

「哈！哈！」

湯姆覺得好好笑喔！

「我才不會像阿隆一樣，笨笨的，在風頭砌焢土窯呢！我會在離採收一大片甘蔗前面，遠一點的地方，在我們的玉米田或地瓜田旁，砌焢土窯，就不怕火苗燒到甘蔗了啊！」

「湯姆很聰明，等一下到竹筍田吃完飯，再去撿大塊的乾泥土塊，砌焢土窯。可以拿我們去年砍掉的老竹筍去燃燒。」

「來喔！來喔！阿叔！阿嬸！來吃飯了哦！」

「咦！秀珍的姊姊也來幫忙採收呢！怎麼戴著斗笠遮著面，緊緊的，看不到臉？」

「湯姆！秀珍的姊姊是大姑娘啊！怕曬黑了，當然要把臉遮住，怕皮膚曬黑了，嫁不出去呢！」

眾人圍著伙食笑起來了。

湯姆覺得很奇怪，說：「怎麼大人一說到秀珍的姊姊，就笑得這麼開心？」

結果害秀珍的姊姊不好意思，拿著碗，獨自找一個地方去吃飯了。

「湯姆！你砌的焢土窯好大哦！」

「對啊！阿安！等一下我摘玉米和地瓜放進去，熟了再拿來吃。」

「甘蔗田採收的剩下一點點，阿泉叫你帶庫洛去捉老鼠。」

吹口哨！

「庫洛！庫洛！」

庫洛很高興，舌頭伸得長長的，從上面一處高高的沙石地跑下來。

湯姆的焢窯用甘蔗把它弄陷，幾粒火紅的泥土墊底，放玉米及地瓜後，窯土踏平了。

老鼠沒地方躲，剩下一小撮的甘蔗，好幾隻在那兒鼠竄。

庫洛機敏地用腳和嘴巴咬到老鼠，得意得跑來找湯姆。

大人用木棍及刀把，把老鼠的牙齒敲掉，用繩子綁在甘蔗上。

沒被捉到的老鼠跑回洞裡。附近有灌溉用的水，引水溝的水淹到老鼠洞裡，老鼠被水淹得受不了，洞口好幾個全被堵住了，只好乖乖跑出來就擒。

過冬青蛙

　　大人一面採收甘蔗，一面找餘興來消遣，捉老鼠就變成大家辛苦工作之後的犒賞了，晚上回家，還可以煮三杯老鼠炒麻油爆薑片。

　　湯姆看爸爸用滾燙的熱水，放在大桶子裡，把老鼠放進去，可憐的老鼠掙扎地吱吱叫，一下子便死翹翹了。

　　湯姆覺得很殘忍。

　　爸爸拔掉老鼠的毛，整隻肥不隆咚，白色的身體。

　　一條條健康的老鼠，湯姆家的甘蔗一定吃了不少，連玉米田和地瓜田都被這些老鼠，挖得到處都是牠們的巢穴。以後甘蔗田採收完，要捉這些老鼠就得在地瓜田放「腳踏斬」，才有牠們的踪跡。

　　湯姆今天飯吃得特別多，因為有老鼠肉，很香，肉很甜，配爆香的薑片麻油汁，吃起來特別有味道呢！

農家春節

媽媽哭

　　天還沒亮，湯姆被媽媽的哭聲嚇醒。從來不曾看過媽媽哭的湯姆，很緊張地抱著棉被，想要問媽媽怎麼回事？

　　媽媽哭著說：「大姊快要死了，在夢中告訴媽媽，所以要去姊夫家看看！」

　　一路哭到大姊家。

　　客廳已經擺好長板凳，大姊被抬出來，用棉被蓋著全身。

　　媽媽更放聲大哭。

　　這麼年輕，放下四個小孩，就這樣走了。

　　「招弟啊！妳不能這麼早死啊！」

　　一直哭！一直哭！真的哭得好大聲。

　　連續幾天，媽媽常常半夜睡不著，就哭著去看大姊，哭到回來，身體虛弱得癱在媽媽平常最愛躺的躺椅上，和平常湯姆看到的媽媽不一樣。

　　「媽媽！媽媽！妳不要一直哭，一直哭，湯姆會害怕！」

　　「不要怕！媽媽抱著。媽媽傷心你大姊就這麼死掉了，常常睡不著，夜裡做夢常看到你大姊小時候陪在我身邊，幫我除草，採收地瓜葉的事。她在我們家做了好多好多的農務。雖然她是你的養姊姊，但我就是把她看得比親生女兒還要親。在世的時候，她對我們家可孝順得很呢！

　　湯姆！大姊也很疼你哦！你不要怕，媽媽還要去看你大姊，你留在家裡睡覺。」

　　媽媽又一路地放聲大哭，哭到大姊身邊。

　　有一天，大姊忽然間死而復活。已經七、八天了，快要決定出殯的日子時，大姊又活過來了。

　　媽媽高興得說不出話來，握著大姊的手，看著大姊

過冬青蛙

躺在長板凳上，講話聲音很虛弱。

　　媽媽說：「大姊已經到陰間去一趟，看到好多好多以前死掉的親戚，還有媽媽以前生的大哥死掉了，在陰間跟大姊招手，看到大姊不捨得拋下四位小孩，還有看見媽媽哭得這麼傷心，靈魂就回來了。」

　　醒過來時，媽媽正在她身邊，看到棉被微微在動，拉起棉被來看看。

　　大姊躺在長板凳上，也哭出來了。

　　媽媽才高興地說：「招弟回來了，招弟回來了，招弟還沒死。」

　　姊夫、親家公、親家母不可置信地認為是奇蹟。

　　「湯姆！去看大姊。」

　　「好！」

　　「大姊！大姊！咦！大姊的頭髮掉好多喔！」

　　「大姊生病啊！湯姆要乖喔！叫舅舅！」

　　「小成！小慶！小琳！小風！我們去後面看人家玩骰子，還有車馬炮。紅包拿來押骰子。五六三四二一，開兩個三、一個六，押對三，一塊錢賠兩塊錢，押對一個六，賠一塊錢。

　　小成！你要押三連莊嗎？」

　　「舅舅的錢輸光了，小成！拿幾塊錢給舅舅！」

　　「好！」

小慶、小琳頑皮地叫：「不要給咕咕咕！」

小風學著兩位大哥也叫湯姆：「咕咕咕！」

一面叫，一面跑。

湯姆很生氣，追出去，要教訓這三位外甥。

「咕咕咕！」

跑到圍牆爬上去，做鬼臉對湯姆叫著：「咕咕咕！」

「小慶！舅舅不跟你好了。」

回到家裡，媽媽看湯姆一副垂頭喪氣的模樣，就知道湯姆把過年的紅包輸光了。

「湯姆！湯姆！廚房有一大鍋的玉米，看你要不要拿去賭場賣？賣掉的錢統統給你。」

湯姆很興奮地要去做生意了。

大哥姊姊們用腳踏車載到大姊家後面的巷子裡，過年時才有賭博的地方，擺一桶玉蜀黍。

湯姆叫賣著：「玉米哦！一支三角，兩支五角。」

小成帶著三位弟弟來到湯姆的身邊幫忙。

小慶叫湯姆舅舅，後面兩位小弟弟小琳和小風也跟著叫湯姆舅舅了。

「湯姆！湯姆舅舅！」

「為什麼你叫湯姆舅舅呢？」小風問。

「湯姆舅舅的名字是三年級老師取的哦！我們老師很漂亮，會說英文，叫我們互相用英文名字叫，很好玩呢！老師說我很皮，像她看過的美國童話中的小湯姆一樣，所以就叫舅舅，湯姆。我們全班都有美國名字哦！」

小風跑回家，吵著生病的媽媽說，他也要有個像湯姆舅舅一樣的美國名字。

小成和湯姆、小慶、小琳笑成一團。

玉米賣完了，晚上再來玩骰子。

過春節

「湯姆舅舅！湯姆舅舅！」

「小風！你和誰來？」

「哥哥－小成、小慶、小琳！」

「進來！阿嬤拿鹹粿、甜粿、紅龜粿給你們吃！」

「阿嬤！我們要和湯姆小舅舅去玩骰子。」

「過年的紅包，一人一包，不要和湯姆舅舅一樣，每年都輸光光哦！」

過冬青蛙

「謝謝阿嬤！」

「湯姆舅舅！我們要去哪一個賭場，比較熱鬧呢？」

「小成！小慶！你們身上有幾塊錢？」

「五塊！」

「十塊！」

「哦！有這麼多啊！小琳！小風！你們呢？」

「不給你看，這是我自己的，我要存起來，不要和你們玩賭博！」

「好！好！湯姆舅舅只是問一問而已，我賣玉米賣了十五塊呢！我們去柑仔店買手槍來玩好不好？」

「好呀！」

「砰砰砰砰！」

「老板！我還要買打彈弓（鳥彈子）。」

「小成！我們去看大人玩車馬炮，要不要？」

「湯姆舅舅！那我們去進德他們家看看！」

「咦！爸爸也在這裡玩十胡仔（四色牌）。」

啊！湯姆奇怪著，看這種東西一輩子都看不懂，怎麼在這裡會看到爸爸。

爸爸平常很少講話，主要去幾位堂叔家裡走動走動。

進德、祥發、小明的爸爸竟然和爸爸湊在一起玩十胡仔。

「小成！我們帶著小慶、小琳、小風去玩骰子比較刺激，一人拿兩塊，輸光了就不要再玩了。」

「好啊！好啊！湯姆舅舅！你不要去殺狗雄那裡玩哦！好多人都說殺狗雄會詐賭呢！你看他的骰子攤都沒人。」

「那我們找人多的地方下注！」

小風和小琳自己去玩丟圈子，小慶不喜歡玩骰子，回家了。

小成和湯姆兩甥舅相差兩個月出生，湯姆帶著小成在身邊，總有做長輩的一種無名的威嚴，小成比起那三位小弟對湯姆比較尊重。

「湯姆舅舅！你押太大了，一下子又輸光光了。」

「阿嬤！湯姆舅舅又輸光了。」

「小慶！小琳！你們很吵吔！」

小風最會學著哥哥們說的話。

「阿嬤！阿嬤！湯姆舅舅的錢又輸光光了。」

阿嬤笑呵呵的，把小風抱起來，嘟著嘴親小風。

「乖孫！來！阿嬤拿紅龜粿給你們吃，還有椪柑、花生球、芝麻貢糖、蔴粩，這裡還有一堆糖果，很多種哦！湯姆舅舅輸光了，那你們呢？」

小成摸摸口袋，手指頭在褲子的口袋裡，把銅板弄

過冬青蛙

得叮噹作響，很高興說：「我這裡還有很多壹角，和有國父像的大伍角銅板呢！」

小慶、小琳爭著拿出所有銅板在桌上數，湯姆站在旁邊，看得有幾分落寞，懊悔著：「剛剛要不那麼貪心，小贏一點就回家了，現在也不至於口袋空空的。」

小風叫著：「阿嬤！阿嬤！湯姆舅舅很貪心，在賭場什麼都賭。大人玩的車馬炮，猜中一賠十的，也跑去下注呢！賭場莊主還特地叫大家挪開一個位子，給賣玉蜀黍的湯姆哦！」

「湯姆看起來在車馬炮場，一定是大戶人家了哦！」

「才不是呢！做莊主的是胡得先生，每年都幫我們家收割稻子的那位啊！他以前常常用鬍鬚刺我的臉，鬍子刺得我好痛，每次從他身上掙扎下來，又一把被他抱回去，捉著我，又是一陣亂刺亂親。還有養豬的姊夫也坐在那兒玩啊！

媽媽！我第一次押一塊錢，在紅色的俥上下注，猜中贏得十塊錢呢！會場好多人看著我說：『賣玉蜀黍的湯姆厲害哦！』我算一下！如果我押五塊錢，中了，就可以贏五十塊錢了吔！可是五塊下注後，每次都猜不中，為了要贏回本錢，又輸光光了。」

「沒關係！沒關係！湯姆呀！過年過節玩一玩就

好，讓你知道賭博可是會上癮的哦！以前有一個犯罪的年輕人，到處做壞事，沒錢專做一些偷竊的事。偷了人家的錢財，只為了要滿足他去賭博的慾望，輸了錢，又去偷去搶，成了殺人犯，最後被警察捉到，被法官判死刑。要執行的時候，他請求法官允許他母親來，讓他吸最後一口的奶，法官答應他，結果他把媽媽的奶頭給咬掉了，讓媽媽的乳房流滿一身的血，他才大聲望向蒼天說：『為什麼您不在我小時候，教我做人的道理呢？害我不學好，偷竊、打家劫舍樣樣會，這一切都是賭博害死了我。』

他母親忍著悲痛，說不出話來。

兒子行刑的最後一句話，是『媽媽您溺愛我的方式錯了。』

湯姆！你聽懂了嗎？過年過節賭博是餘興節目。這是中國漢朝的時候，韓信統兵在塞外打仗，為了軍中的士兵排遣過年時的思鄉情愁，才用這種賭博的方法來排解。每一年的年節，家家戶戶張燈結彩之後，就是街坊鄰居也會偶爾玩玩骰子，或四色牌之類的賭博。

知道了嗎？我的小湯姆啊！你看你爸爸平常整年都很辛勤地做農務，少有休閒，一年到頭忙著插秧種田收割，照顧六畜家小的，過年期間才會去小玩十胡，過完春節，初五就不再玩了。因為輸贏多少，都不是為了贏很多錢哦！

過冬青蛙

知道了嗎？小湯姆呀！」

湯姆似懂非懂的，聽了媽媽講出這番大道理，也知道以後絕不會做壞事，讓媽媽傷心的。

「媽媽！媽媽！以前有一位櫻子小姐來我們家偷東西，把您藏的黃金手鐲一大包偷去，藏在夏綠蒂她們家的大稻草團裡，被很多人圍起來捉到，警察要帶她去派出所，那她算不算壞人呢？」

「櫻子小姐只是想偷錢過好日子，還不至於像她的弟弟會做壞事，學流氓個性，到處惹是生非，讓人害怕。不過櫻子小姐偷我們家的東西就不對。警察原來想把她送去關的，後來村長出來做保人，跟警察先生說，這小女孩不懂事，給她一次機會改過向善，不要把她捉去關。村長說我們不願追究，就給她一次重新做人的機會，結果有一位外省的警察沒有結婚，村長還把他們湊成一對，成為夫妻呢！」

「媽媽！媽媽！櫻子小姐後來嫁給警察先生喔！那不就是警察先生娶小偷櫻子小姐嗎？」

「湯姆不懂事，不要這麼說！以後要叫櫻子小姐是警察夫人。」

「好！以後我也不賭博了。」

湯姆口袋空空的，離過年初五還有幾天，想不出辦法可以向媽媽要紅包，腦筋倒盼望著搬到高雄的二姊能

夠帶兩位外甥小志，還有小信回家，或許二姊會塞一點
紅包。

白腳底

「湯姆舅舅！湯姆舅舅！」

奇怪！躺在床上睡覺的湯姆，腳一直被小信用小小的手拉著搖晃。

「小信呀！哦！小信！你們可回來了，哥哥小志呢？」

抱著小信，衝到客廳，看到二姊，還有小志穿著厚厚的衣服，縮著身體在吃火鍋呢！

「二姊！我要載小信去菜園看看！」

「小心哦！腳不要被腳踏車的輪子夾到喔！」

「好！」

「小信！來！舅舅把你的腳弄好，坐好了哦！舅舅帶你去看我種的花。芒果樹下有一片花園，是舅舅去同學家裡摘玫瑰花來種的喔！」

「有刺呢！」

「但玫瑰花開出來很漂亮，還有菊花、野生的小黃花、紅白喇叭花、茉莉花。我們去摘蓮霧來吃，拔一根紅甘蔗回家。」

「湯姆舅舅！我想回家了。」

「哦！小信想回家了嗎？好！舅舅抱起來。」坐在腳踏車的後座。

「要坐好哦！」

「二姊！二姊！你們要回家住幾天？可以不要回高雄，一直住下來好嗎？這樣我就可以天天看到小志，還有小信了。」

姨丈和阿姨也帶著阿瑞來了。

「阿瑞！我帶你去國小玩，你們高雄的同學有沒有在玩這種紙牌呢？等一下在學校教室的走廊看到我朋友，我們一起和他們玩碰紙牌。」

過冬青蛙

　　拿一張史豔文壓在一疊紙牌底下，洗牌完，青山先抽一疊的圓形紙牌最下面那一張，看誰能夠拿一張圓形紙牌，將堆疊紙牌裡的史豔文那張，碰出來就贏了。新紙牌有醉迷勒，還有劉三、哈嘍二齒仔、藏鏡人。

　　「湯姆！這位是誰啊？以前怎麼沒看過？」

　　「青山！青田！加福！這是我高雄阿姨的小孩，阿瑞！他是都市人哦！」

　　「難怪看起來痴肥痴肥的，白腳底。」

　　「阿瑞！不要！不要打架！」

　　「他們幹嘛罵我白腳底，瘦皮猴！敢罵我，看我不把你打死才怪！」

　　「你怎樣！」

　　「白腳底就是白腳底。」

　　「加福！你走開。」

　　「踹他！踹他！」

　　「把你抱起來摔跤，壓制你。」

　　「青田！過來幫忙，湯姆的表弟壓著我。」

　　「青山！我拉你，起來！那傢伙手勁大，壓著你，手不斷地揮拳，我沒辦法靠近。」

　　「湯姆！湯姆！你帶高雄的表弟來這裡打架，以後不跟你好了。」

　　「阿瑞！阿瑞！起來啦！你不要再打青山了，他被你壓在下面，臉被你打得流鼻血了。」

「誰叫他們先罵我白腳底，叫他們賠不是，我才要起來。」

青山扭著身子，使力地想翻身，又扭又鑽，越想掙扎，大阿瑞壓制得更緊。

阿旺牛看到青山被人家欺負，跑過來，一把推開。

阿瑞倒下去。

阿旺牛孔武有力，頭腦不太靈光，楞直楞直的。

湯姆看情形不對勁，一直拉著阿瑞回家。

阿旺牛力氣大，阿瑞三兩下被揍得無力招架，一路哭喊著。

「你們給我記住，以後我會找人來修理你們的。」

一路罵，一路跑遠去。

湯姆追著去安撫，也受到波及。

阿瑞不認賬地叫：「湯姆！滾開啦！不跟你好了，帶我來這裡，被鄉下野牛欺負。」

哭著哭著，看阿旺牛追過來，做勢又要打人，跑得湯姆都追不上。

遠遠地對青山和阿旺牛說：「青山！對不起！改天再來找你們玩紙牌。」

青山抽搐著，不理會湯姆。

惡作劇

姨丈蹲茅坑。

頑皮的湯姆和阿嬌、秋菊、順慶，還有阿嬌的弟弟
丟石頭到茅坑裡。

噗通！噗通！糞水濺起來。

一堆小朋友想像著，都市的姨丈屁股被噴得全是糞
便，一定很好玩。

姨丈蹲在茅坑裡，直嚷著：「夭壽喲！這些頑皮的小鬼頭，怎麼玩這種遊戲啊！」

把門推開，探頭出來，小朋友已跑遠了，整理好褲頭。

湯姆若無其事地走到姨丈的身邊，對著阿嬌、秋菊、順慶，還有阿嬌的弟弟，說是他們丟的石頭。

姨丈看著這些小孩搖搖頭，自顧自地走回湯姆家。

「湯姆！湯姆！你怎麼說是我們丟的石頭呢？你自己不是也有丟幾粒嗎？」

湯姆拉著阿嬌，小聲地說：「不要被我姨丈聽到！」

又去二伯母他們家的廣場，玩火雞。

一群的火雞叫著：「咕嚕咕嚕！咕嚕咕嚕！咕嚕咕嚕咕嚕！」

火雞的一隻腳伸起來後，馬上在半空中，踢著著地，翅膀和羽毛發出「敞」地一聲，隨即膨脹起來。

一隻火雞叫著：「咕嚕咕嚕！咕嚕咕嚕！咕嚕咕嚕咕嚕！」

整群的火雞跟著一起叫。

湯姆和這些小朋友面對著火雞群叫著：「咕嚕咕嚕咕嚕！」

火雞群還會遠遠地跑來，作勢要和湯姆他們這一群的小孩比聲勢。隨即火雞群又退回去。

湯姆他們叫一聲，火雞群又跑回來，面對湯姆他

過冬青蛙

們，壯大聲勢，要嚇唬湯姆他們。

火雞叫得越大聲，這群小孩玩得越興奮。

二伯母兩手梳著頭走出來，看到廣場上的湯姆他們又在鬥火雞了，就喊了一聲：「你們這些小孩學火雞叫，很吵哩！

湯姆！你小堂哥在看書，學火雞咕嚕咕嚕叫，會吵到小堂哥看書哦！」

小湯姆不好意思，跑掉了。

「湯姆！湯姆！你姨丈、阿姨要回家了。」

「阿姨！你們要回高雄了嗎？」

「要坐客運車到屏東轉火車。」

「阿瑞！有空常來哦！」

「嗯！」舌頭伸長長的，吐出來，對湯姆做鬼臉。

湯姆爸爸提一桶番石榴，又捉兩隻雞，叫姨丈帶回去。

兩人在路上互相推辭著。

姨丈拗不過爸爸的堅持，帶著東西去坐客運。

「阿瑞！再見！阿姨！再見！姨丈有空要常來哦！」

「再見！再見！」

「二姊也要回去了，湯姆！開學後，要認真讀書哦！」

摸著頭，開學後，又要上課了，寒假作業都沒寫，又要被老師叫去罰站了，拿作業簿去叫夏綠蒂幫忙抄寫，夏綠蒂寫字又快又整齊，老師一定認得出來的。

「夏綠蒂！幫我寫作業好嗎？不要寫得太整齊，我一篇都沒寫吔！」

「被老師查到，我不管哦！」

「好！妳幫我寫功課，我去阿嬌她們家後院，有一棵倒下來的香蕉樹，樹上整串的熟香蕉，我去拿來給妳吃。」

「夏綠蒂！妳寫得太漂亮了，老師一定知道不是我寫的。」

「那你要不要交作業？」

「不要！老師一定會問，寒假作業沒交的，站到前面來。我想被打幾下手心是跑不掉了，沒交作業打個幾下就好了，妳幫我寫得那麼整齊，老師看了，不知道會怎麼處罰我呢？」

「你每年都叫我寫，以後不幫你寫了。」

「夏綠蒂！我幫妳洗米煮飯，柴火我也幫妳燒著，還有這裡有幾串香蕉。」

開學典禮

開學日

開學了。

「湯姆！湯姆！要排隊一起走到學校去，低年級的在前面，高年級的在後面，以前記得二年級，還有三年級的時候，學校也有教我們同一區域同一條街道的同學，要一起排隊上下學。」

「對啊！我們還參加全村繞街遊行，唱反共抗俄，殺豬拔毛和愛國歌曲哦！」

「湯姆！你還記得怎麼唱嗎？」

過冬青蛙

「我不太記得了，我只會跟著唱一、兩句，反共娼，你五個尪。」

同學笑成一團。

「呼口號！」

「反共抗俄，解救大陸同胞，消滅萬惡共匪，中華民國萬歲萬歲萬萬歲！」

夏綠蒂在隊伍中喊不出來。

坤隆、肯尼、小華、客家輝喊得更大聲。

「我們要解救大陸同胞，我們要殺匪拔毛，我們要抗帝俄的侵略，蔣總統萬歲萬歲萬萬歲，國父孫中山萬歲萬歲萬萬歲！」

越喊越大聲，隊伍行進中，一路高喊著，殺共匪拔豬毛。

快樂的笑聲中，來到學校大門口，老師指揮著。

「一年級同學注意！一年級、二年級、三年級教室在左邊，四年級、五年級在右邊，六年級在老師辦公室的隔壁棟一、二樓。現在各班導師帶著同學在教室前排好隊，點完名，再參加早上升旗典禮。」

「湯姆！湯姆！我們的教室在哪裡啊？」

「胖羅伯特！喬治！吉姆！我也不知道呀？」

「這麼多人，我們班上換一位新來的老師哦！」

「是男老師。」

　「我們去找同學問，教室哪一間才是我們的班級？」

　「我們同學不就站在前面的樹下排隊，等著老師來嗎？」

新導師

「哦！米琪！安琪兒！朵拉！彼得！夏綠蒂！史帝夫！艾莉絲！」

湯姆聽到艾莉絲的名字，有點不好意思，又害怕看到艾莉絲呢！

「強森！瑞奇！好久不見了！」

「肯尼！魯比！聽說你們和湯姆捉了不少青蛙去

賣哦！」

「哪有！湯姆捉得比較多啦！」

「湯姆常常拿三角網去大圳打青蛙呢！」

「保羅！傑夫！喬伊！麥克！傑克！喬伊斯！快過來，新男老師來了。」

「各位同學！站好，在前面排好隊，等一下老師點名。」

「老師！老師！我們要用美國名字，用英文點名，我們同學叫習慣了。」

全班男女同學一起笑。

男老師拿著大板棍敲敲牆壁，有時敲打自己的手掌，發出啪啪啪的聲音。同學們起哄一陣子，被老師拿這種長板棍嚇唬的動作，維持秩序一下子而已。

全班男女同學看得出這位新男老師長得高大，面目慈善，一點也不兇，講話聲音是輕聲細語型的，班級還帶不到一個早上，性格已經被四年丁班的小鬼頭給摸透了。

新男老師叫馬沙，村裡的人，和三年級那位漂亮的女老師一樣，也是住在同一村莊的人。

「老師！老師！你也住在這裡嗎？」

男老師不太喜歡講話，靜靜地站著，兩眼慈目，嘴巴微微地笑著，看著同學胡亂發問。

「同學們排好隊，到操場集合。」

過冬青蛙

「校長！各位老師！各位同學早！唱國歌！升旗典禮開始，禮畢！校長講話！」

「各位同學！各位老師！一年之計在於春，春節結束了，相信大家會有更好的開始，學校這學期教室有變動，希望各級任老師及新到的老師，能夠帶著各班同學調整好教室的各項準備……」

「湯姆！湯姆！前面有人昏倒，這下子校長，還有其他老師不知道要講多久的報告了？」

「肯尼！魯比！」

「湯姆！你不會又要假裝昏倒了吧！」

「噓！新男老師看不出來，我倒下來，你們兩個陪我到教室。」

碰！

「老師！老師！湯姆昏倒了。」

班上有些同學知道湯姆又在作怪了，竊竊地笑出來。

馬沙老師很緊張，「趕快！趕快！扶到教室休息。」

喬治搶著要來扶。

肯尼、魯比說：「我們說好的。」

喬治低頭對肯尼說：「我要報告老師！」

湯姆眼睛瞇起，叫喬治趕快抬進教室去，萬一被其他老師看到就糟了。

「好險哦！」

「喬治！下次沒跟你商量，你不要自作主張，那麼多人，被老師看出來，那才麻煩。」

「湯姆！在教室很冷呃！」

「那我們爬窗戶到外面曬太陽。」

「等一下操場上，老師和校長講話結束，看不到我們怎麼辦？」

「湯姆！你一個人留在教室，我們要回去操場。」

「肯尼！魯比！你們要回去班上的話，我就不跟你們好了。」

「好啦！好啦！可是在這裡很無聊哩！」

「噓！小聲講話，教室外面好像有老師在巡？」

喬治探頭看到，是學校事務組的女工友阿珍，胖胖的，每天都穿著花格子的千層裙，走起路來像大地震一樣。

湯姆、肯尼、魯比很怕她呢！

「趕快躲起來，不要被胖阿珍看到，這傢伙會打小報告。」

喬治探出頭，拉著窗戶，看著胖阿珍離開的背影，大聲地叫一聲：「大胖珍搖屁股」。

嚇得湯姆、肯尼、魯比趕快逃出教室，個個從窗戶爬出去，躲在教室後面的牆壁旁。

喬治搞不清狀況，「幹嘛怕成這樣？」疑惑著，不

過冬青蛙

知死活，坐在教室等無聊的時間趕快過去。

　　沒一會兒，胖阿珍拿一支雞毛撢子，衝進教室裡面，看到人就打，口中直喊著，「剛剛誰叫我大胖珍的？」

　　喬治被打得莫名其妙，才意識到胖阿珍的厲害，在教室裡找出口，想逃走。教室大門對著操場，喬治跑著跑著，不知所措，要爬窗戶，跳開胖阿珍的追打，一定來不及了。從門口出去，老師看到了，更不得了。

　　湯姆他們三個躲在牆壁的角落竊笑，卻擔心萬一喬治被胖阿珍追打得不可收拾，事情就鬧大了，那麻煩大了，可就糟了。越想越害怕，三個人同時在教室外面伸出頭，對著教室裡罵：「大胖珍，愛作怪，人長得醜，穿衣服像醜八怪，大屁股像母豬，哈哈哈！」

　　笑得胖阿珍簡直是氣炸了，捲曲蓬鬆的頭髮上，別一根可愛的髮夾，追打喬治的過程，有些鬆散，像瘋婆子一樣，到處找罵她的聲音來源。

　　喬治總算可以透一口氣，尋找脫身的空檔，趕快跑回操場，到班上的位置上站好，若無其事地，靜靜地聽校長報告個不停。

　　「湯姆！湯姆！胖阿珍會不會知道是我們三個罵她呢？」

　　「我不知道吧！」

　　「她認得我們呢！」

　　「我不知道有沒有被她看到，我們的聲音她應該認不出來，以後到福利社買東西，小心一點，不要被她看到，否則又要吃她的雞毛撢子了。」
　　校長宣佈：「這學期未繳冬令救濟，還有註冊費的同學、班級老師到司令台來集合，其餘報告完畢。」

桌界戰

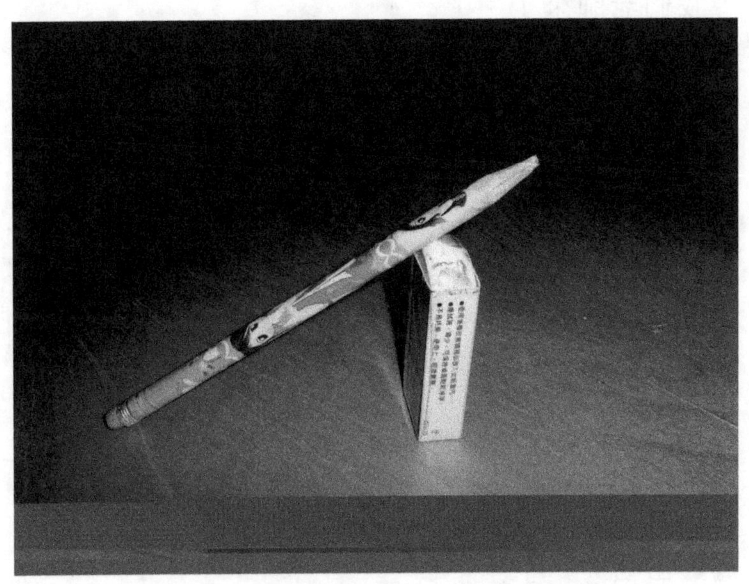

「尼可、喬治，老師來了，趕快進來！四年丙班的男老師很兇呢！他們全班鴉雀無聲，他們老師拿棍子跑來我們班，說我們班上太吵了。」

湯姆乖乖地坐在第一排，和喬伊坐在一起。

喬治從教室門口，和尼可快速地跑回教室，坐在第七排。

尼可很倒楣，被丙班的男老師用棍子打到屁股，兩手摸著屁股叫痛呢！

丙班的老師探頭進來，棍子指著尼可，「你們全班再亂叫、亂吵的話，就像他一樣，屁股打得你們開花。」

聽得全班靜肅地不敢吭聲。

「我們老師來了。」

「起立！敬禮！老師好！」

「老師！老師！剛剛隔壁班的男老師拿棍子打尼可哦！」

馬沙老師沒回應。

馬沙老師靜靜地站在講台上，拿著課本，一字一句地念。

「倭寇常常從海上到中國沿海各省侵略當地居民，有時候會把當地的女孩綁架到海上，明朝戚繼光對付倭寇最出名⋯⋯」

湯姆的手伸到桌子的另一邊，喬伊拿鉛筆戳，湯姆的手伸回來，對喬伊說：「我又沒有超過界線，你幹嘛戳我？喬伊！你敢再戳我，等一下看到你侵犯到我這邊，我也要用鉛筆戳你，喬伊！你再伸過來看看！」

戳！戳！戳！

「喬伊！你很過分喔！」

馬沙老師走到湯姆和喬伊的旁邊，高大的身材蹲下來，看湯姆和喬伊在爭吵著，一場桌子界線的爭執。

過冬青蛙

　　全班的同學目光全聚在湯姆和喬伊這兒，只有他們兩人還不知道馬沙老師已經無聲無息地蹲在身旁，看著他們兩位在吵架的事。

　　喬伊手快速地伸到湯姆的桌上，又抽回。

　　湯姆用力狠狠準確地戳到喬伊的手背。

　　喬伊痛得哇哇叫。

　　馬沙老師來不及反應，怎麼這麼快，才觀察不到幾分鐘，這兩位同學竟然彼此傷害，手段這麼殘忍。

　　全班頓時好大一聲：「哇！」

　　湯姆嚇著了，抬頭才看到馬沙老師原來已經蹲在他們身邊了。

　　「老師！老師！是喬伊先犯規越界的，我剛剛差點被他戳到，後來喬伊手一直伸到我桌子這邊，他一直犯規，才被我用鉛筆戳到的。」

　　喬伊一直哭著。

　　「我要跟我爸爸說你用鉛筆戳我的手。」

　　後面第二排的魯比和肯尼平常和湯姆比較要好，跟過來安慰喬伊。

　　馬沙老師要帶喬伊去醫務室擦藥。

　　喬伊自己把插入手背上的鉛筆心摳出來。

　　沒有流血呢！

　　「會不會痛？」

班上好多同學圍過來看。

女生探頭看一下子，又快速地跑回自己的座位坐好，兩眼驚恐地，覺得男生好恐怖哦！常常玩這種危險遊戲，不是打架，就是吵鬧。

馬沙老師看喬伊勇敢不怕手痛，問喬伊：「要不要換座位？」

喬伊固執地說：「不要！」

崔西班長說他們兩個像師公賽杯，以前就常常打架又和好，最嚴重的時候，兩個人打架打到全身的衣服都撕破，連褲子都扯破了。

全班同學笑翻天。

馬沙老師對這班的同學，充滿好奇。

下課的時候，別班的老師會趕著回辦公室，上課鐘聲響的時候，再匆匆忙忙地走回教室。

馬沙老師下課時，常常留下來陪他們四年丁班的同學聊天，他們班的女生最喜歡性情溫和的馬沙老師。

「湯姆！丹尼爾是從別的地方轉來我們學校的呢！山姆說他們家在做不好的阿姨買賣呢！我們住在同一村子，媽媽叫我不要到丹尼爾家玩呢！」

「比爾！比爾！你又要和崔西競選班長嗎？」

威廉和比爾坐在一起，屬班上的大個子，威廉和比爾書念得還不錯，成績單常常八、九十分。

崔西、凱倫、米琪、伊娃、蘇珊、珍娜、安妮、艾莉絲、夏綠蒂，這票死黨的女生，才會在意比爾、史考特、威廉、安東尼、湯瑪斯、傑夫、艾德華、卡爾、亞瑟、大衛他們的成績。

湯姆、羅伯特、肯尼、魯比、史帝夫、喬治、尼可才不在意功課呢！

丹尼爾

　　湯姆對新來的同學丹尼爾充滿好奇，別人不敢跟他交往，湯姆下課或放學常常陪在丹尼爾身邊，去丹尼爾家看。

　　他爸爸在後院磨武士刀，湯姆以為是日本來的將軍，問丹尼爾：「你爸爸會不會把武士刀拿來殺人？」

　　「丹尼爾！丹尼爾！你怎麼都不說話？」

　　「湯姆！你叫湯姆嗎？」

過冬青蛙

「對啊！我知道妳是丹尼爾的媽媽！我在學校門口看到妳和丹尼爾的爸爸，開轎車送丹尼爾到學校呢！」

「湯姆！謝謝你常常來陪丹尼爾，我們從都市搬來這裡，丹尼爾的爸爸常常被警察說是流氓，沒有人敢和我家的丹尼爾來往，只有你和魯比、肯尼會和丹尼爾相處，以後記得要常來哦！」

「好呀！丹尼爾的媽媽！我可以問妳一個問題嗎？妳們家為什麼會有很多的阿姨站在房間門口？是不是我們同學說的，丹尼爾家在做阿姨的買賣呢？丹尼爾常常整天可以不說一句話，我們要帶他去捉蝴蝶，曬一下太陽，整張臉脹紅得像粉紅色的蘋果一樣呢！丹尼爾的皮膚很白很嫩，我們同學常常欺負他喔！我跟妳說我們同學說丹尼爾的爸爸會殺人，丹尼爾的媽媽有這回事嗎？」

「湯姆！湯姆很善良！對我們家的丹尼爾這麼好，以後我就放心讓丹尼爾去學校上課。」

湯姆說：「丹尼爾的爸爸會不會殺人？」

「那是大人的事，小孩子不會明白的，丹尼爾的爸爸不會在這裡鬧事，他也想當個好爸爸呢！」

「對啊！我在你們家的客廳看到丹尼爾的相片，他爸爸的手上拿著一把大武士刀，頭上還綁著『殺！殺！』

的字，丹尼爾穿吊襠褲被他爸爸抱著合照呢！

丹尼爾媽媽！你們是從哪裡來的呢？」

「湯姆！有沒有去過高雄或是台北呀？」

「沒有去過台北，可是高雄有和爸爸一起去過呢！」

「哦！我和丹尼爾的爸爸經常換地方，為了工作，有時候這兒住三個月或半年，又要搬家換地方了。」

「難怪丹尼爾那麼害羞，常常換地方交不到朋友呔！我在幼稚園的時候，被隔壁村的胖阿東欺負，常常哭著回家，不敢去上學呢！媽媽把我帶回家，換到村子裡的天主堂幼稚園，也被欺負得很慘，以後要換班級或看到同學換學校，我都比較能夠瞭解到他們的心情，所以我才和肯尼、魯比對丹尼爾好一點。

我們同學叫丹尼爾小姐，而不是丹尼爾先生呢！好幾次丹尼爾被叫得快要哭出來，同學才說等一下丹尼爾的爸爸會來學校找人算帳，大夥才不敢繼續欺負丹尼爾。

丹尼爾的媽媽！以後上學我來接丹尼爾到學校，妳可以不要開車載我們嗎？我和丹尼爾走路到學校就好。

丹尼爾的媽媽！我們全校沒有人坐轎車來上學，連坐三輪車都不可能了，更何況泥土路上只有牛車行駛而已，您們開轎車載丹尼爾到學校，造成很大的轟動呢！全校的老師同學都在討論我們四年丁班的丹尼爾，害丹

過冬青蛙

尼爾在學校常常被指指點點的，而且丹尼爾個性又害羞，不愛講話，常常靜靜地坐在他的座位上，下課也很少和我們到操場，我們同學常常圍在他身旁，問東問西，丹尼爾常常臉脹得紅紅的，我們班上有幾位同學會保護丹尼爾不被欺負。

我知道丹尼爾很喜歡放學的時候，和我們排隊走回家，所以上學的時候，我也會想帶丹尼爾一起走路上學。我們村子裡，早上有許多人會騎腳踏車或走路去田裡工作，偶爾有牛車經過。沒有一起排隊上學，趕牛車的阿伯或叔叔，會讓我們順路跳上去呢！」

「湯姆！你沒有告訴我這些，我還真不知道呢！我們家的丹尼爾以前在都市，我們常常開車載他到學校，轉到這裡上學，怕丹尼爾不太習慣走路，才會開車送他上學的，你們老師幫丹尼爾取的名字很好聽，我們全家人很喜歡，最近丹尼爾放學，常吵著要去找湯姆玩呢！」

「我媽媽說，我很喜歡交新朋友，每次有新同學轉到學校來，一定是我先認識的，三年級的時候，有位警察的小孩也轉到我們三年丁班，才來半年，又轉到三地門去了。聽說那裡有很多原住民，我們班上也有位原住民專程從很遠很遠的三地門，坐車到我們繁華國小上課呢！可是不曉得什麼原因，他今年又轉到我姪子的班上，回到三年級呢！他們家我去過哦！在三地門的高山上，開雜貨店哦！

　　每到過年的時候，我身上有大人給的紅包，我就坐客運去三地門看原住民跳舞唱歌，過年我們平地的大人，常常圍著一堆人，或是聚集一個地方，玩賭博習俗的遊戲。我坐客運車到山上，才知道原住民會辦唱歌跳舞的活動，他們穿著華麗的服飾，載歌載舞的，雖然聽不懂他們唱歌的意思，但會場總是熱熱鬧鬧的，感覺年節的氣氛濃厚。

　　相較我們平地家家戶戶放鞭炮，大人小孩個個穿著厚衣服，縮著身子在家裡嗑瓜子兒，圍爐吃年夜飯，或是小朋友玩丟沙包，柑仔店玩戳洞換獎品，買手槍玩鞭炮，看大人年年賭錢，連夜賭錢，我倒喜歡看原住民穿著豔麗的衣服，載歌載舞，唱唱跳跳呢！」

　　「湯姆！沒想到你這麼小，就懂得這麼多，我和丹尼爾的父親南北奔波，還沒想過這些呢！明年有機會我和丹尼爾跟湯姆去三地門看看！」

武士刀

「老師！老師！丹尼爾怎麼沒來上課呢？」

「他爸爸被警察捉走了，老師也不知道丹尼爾去哪裡了呢？

各位同學！知道做不好的事，就會被警察捉去關，以後長大不能做壞事，要安分守己，時時要警惕著。一個人做了壞事，會連累到家裡的人，也會讓父母傷心，兒女受苦，我們班上的丹尼爾很善良，人也很乖，可是他爸爸做的事業，會危害到社會或地方，所以才被警察捉走，傷害的不只是他爸爸而已，還有丹尼爾及他的家人。

各位同學！有一天，你們會到社會上工作，等你們長大，再回到母校看著學弟學妹，你們會發覺時間過得真快。

我們來為丹尼爾祝福，希望他和家人能夠平安。」

「湯姆！湯姆！你不是常去丹尼爾他們家嗎？」

「對啊！他們家就住在保羅他爺爺的房子裡呢！前面珍妮佛她爸爸開雜貨店，有些老芋仔沒娶老婆，住在珍妮佛她們家的後面，常常喝完酒，就去丹尼爾他們家鬧事，有幾次丹尼爾他爸爸把那些沒娶老婆的老芋仔打傷呢！」

「你不怕嗎？」

「丹尼爾的爸爸很疼愛丹尼爾，對我們很好呢！他爸爸看起來酷酷的，不太喜歡講話，我和丹尼爾看他在地上磨大武士刀，他爸爸會很小心的，放下手邊的大武士刀，和藹可親地牽我們的手，帶我們到客廳或是珍妮佛她們家的店鋪，買糖果餅乾給我們。有時候，丹尼爾跑來我家玩得太晚，他爸爸還會不好意思進來，站在我們家的豬舍旁，等到丹尼爾走到馬路上，他才接走呢！

珍妮佛曾告訴我，丹尼爾他爸爸有一次在她們家和

過冬青蛙

小偷打架，把小偷打得半死，這幾位小偷是去偷那些老芋仔的錢，被老芋仔看到。」

　　老芋仔兵在溪埔地挖石頭，挖得很深很深，堆成一堆堆的石頭，要拿去賣的。老芋仔為了撿石頭，身上的衣服、褲子脫下來，放在石頭堆上，只顧著工作，揮汗如雨，怕溼透了衣服，錢財放在衣褲的口袋裡，被這些小偷偷去，正喊著時，被丹尼爾的爸爸聽到，跑過來捉小偷。

　　丹尼爾的爸爸雖然瘦瘦的，但手腳靈敏，一下子就把小偷制伏在地上。

　　老芋仔兵跑過來，把被偷的錢拿回去。

　　這才知道他們原來是喝醉酒，去丹尼爾家鬧事的人。

　　幫他們把小偷制伏的這件事，後來這些老芋仔兵常常在他們家，和珍妮佛的老芋仔老爸談起呢！

　　這些老芋仔兵說丹尼爾的爸爸不像一般的地痞流氓，開妓女戶、賭博，惹事生非，專做些無法無天的勾當。幫他們制伏小偷之後，才瞭解丹尼爾的父母親也是苦命人，常常帶著一票的阿姨，東躲西藏，賺些皮肉錢，有時候還要和當地的地痞流氓，或地方的人士爭奪地盤利益呢！為了自保，家裡不得不放一把大武士刀，但丹尼爾的父親被殺、被砸店，常常也不得安寧。

「經過了這些老芋仔兵說出丹尼爾他們家的故事，我才知道，大人的世界這麼恐怖！我在田裡和媽媽拔草的時候，跟媽媽聊天，說到丹尼爾他們家的事。

媽媽說她是種田人，這種事不了解，說我們種田人，『日出而做，日落而息』，雞鴨六畜，一家大小的事都做不完了，哪有那麼多的心思去了解外面的世界。

媽媽說：『我的湯姆呀！我們家的田你就好好跟著爸爸媽媽來耕作，把家裡的田照顧好，我們吃喝就沒問題了，我們不求發財，我們只求平安，簡簡單單地過日子，我們家世世代代以農為主。』」

過冬青蛙

博毓學園出版

五穀豐登莊稼居，

穀倉滿溢木高長，禾苗映田人幸福。

護生復蔬博毓園，

森林綠地自腐朽，生態堆肥循環生。

博毓學園網址：http://tomu18.webnode.tw

吳明博共生農業：http://coco00.webnode.tw

E-mail：869548@gmail.com

吳睿保（吳明博・穀禾田・穀莊稼・穀恬憫）

穀莊稼共生農業森林農園：20140129.blogspot.com

穀禾田屏東的小湯姆：20140214.blogspot.com

穀恬憫歡喜法音流：20140402.blogspot.com

少年兒童讀本－屏東的小湯姆系列七本

①過冬青蛙②水瀑布牆③迎神賽會④米仔麩糕⑤叛逆初期⑥姨丈來訪⑦檳榔說客（電子書、紙本書皆有）

醒世幽默小說－法拍屋風暴系列

①法拍屋風暴②投資客的賺錢術（電子書、紙本書皆有）（尚未出版）③④法拍屋 100 案例上下⑤法拍屋，從二十萬賺進二千萬⑥法拍屋投資客也會套牢

三個十年救地球－共生農業系列

①共生農業森林耕種免費圖文書 1～6 冊（出版電子書）②共生農業開講 1～4 冊（出版電子書、紙本書）③居家生態小農園（出版紙本書）

人生哲學－歡喜法音流系列

①生命的體悟（出版電子書）②生死關頭（部落格連載）

以上書系將陸續完成，另有新書系創作中，敬請期待！

將不定期舉辦法拍屋、共生農業講座；並固定每月第 1 週週一開放居家生態小農園參觀，請事先預約，歡迎支持共生農業，謝謝！

過冬青蛙

羅慧茹（和毓・喜鵲）

花茈集：245784.blogspot.com

親子創意書房－國語文教學設計系列

①作文教學②兒童劇教學③讀經教學④書法教學⑤演說教學⑥採編教學

小說創作－

①空白

生命故事書－花茈集系列

①夢裡浮沈②生病也可以幸福③夢中呼喚④幸福之路

以上書系的電子書於谷歌、飽讀電子書店，紙本書於亞馬遜網路書店販售，並持續創作中！

過冬青蛙

屏東的小湯姆一

作　　　者／穀禾田
編　　　輯／羅慧茹
出　　版　者／博毓學園吳睿保
高雄市大樹區興田里興田路 50 號
網址：http://tomu18.webnode.tw
電子信箱：869548@gmail.com
2015 年 5 月　初版
ISBN：978-986-91790-2-7